사랑이라는 이름의 학대,
모럴 해러스먼트

누가
어린왕자를
죽였는가

야스토미 아유미 지음
박솔바로 옮김

민들레

목숨을 걸고 인간의 진실을 묘사한
생텍쥐페리에게 이 책을 바칩니다.

사랑의 가면을 쓴 학대의 심리학

일본인들은 《어린왕자》를 정말 좋아한다.

생텍쥐페리에 대한 연구물들을 살펴보면 《어린왕자》를 연구한 절대 수가 많다고 보기는 어렵다. 당연한 말이지만 작가 생텍쥐페리에 관한 저작물이 《어린왕자》 작품에 관한 저작물보다 훨씬 많다. 서구 문학 연구의 왕도는 '리얼리즘, 대작, 성인 대상'의 작품 연구이기 때문에 '옛날이야기, 단편, 아동 대상'으로 분류되는 《어린왕자》가 단행본을 쓸 정도의 연구 대상이 되기 어렵다는 건 당연한 일이겠다.

하지만 일본에서는 《어린왕자》를 다룬 단행본이 여러 권 출간되었다. 프랑스어, 영어, 독일어를 중심으로 한 서구계 언어권에서 《어린왕자》를 다룬 서적이 일본만큼 집중적으로 출판된 나라는 찾아볼 수 없다. 이는 비행사이자 작가였던 생텍쥐페리 본인에 비해 《어린왕자》란 작품의 지명도가 압도적으로 높고 열성팬이 많은 일본 시장의 특수성이 반영된 현상이라고도 할 수 있다.

일본에서 출판된《어린왕자》에 관한 책 중에는 작가와 철학자, 심리학자, 종교인 등 프랑스문학 전문가가 아닌 저자가 쓴 책들도 상당히 많다. 솔직히 일본에서는 프랑스어를 구사하지 못하는 '문외한' 저자가 쓴《어린왕자》에 관한 책은 정말 흔할 뿐만 아니라 이미 하나의 장르로 자리 잡은 양상마저 띠고 있다. 이는 프랑스문학 연구자의 관점에서 보면 '또《어린왕자》인기에 편승한 책이 나왔구만' 하고 회의적으로 보기 십상이며, 이런 책을《어린왕자》연구에 의미 있는 참고문헌 목록으로 넣어야 할지 말아야 할지 고민하게 된다.

하지만 야스토미의《누가 어린왕자를 죽였는가》는 이런 책들과는 차원이 다른, 대단히 독특한 책이다. 프랑스어를 모르는 비전문가가《어린왕자》에 관한 책을 쓰는 것 자체가 드문 일은 아니지만, 이 책의 특성은 오히려 필자가 이 사실을 조금도 숨기려 하지 않으면서 정말로 제대로 된 연구서 집필을 정면으로 시도했다는 점이다. 여기서 내가 말하는 '제대로 된 연구서'란 어떤 문학 작품에 대해 '이것은 어떻게 해석할 수 있는 작품일까'라는 물음을 세우고는 한 가지 새로운 해석을 제시한 후 그 타당성을 정확히 논증하는 책을 가리킨다.

이 책에서 야스토미가 시도하는《어린왕자》독해의 키워드는 '모럴 해러스먼트'인데, 이는 성폭력, 직장 내 상사에 의한 폭력, 대학원 내 교수에 의한 폭력과 함께 소개되기도 한다. 최근에는 특히 사회적, 윤리적 맥락에서 자주 사용되는 용어이다.

그래서 모럴 해러스먼트라는 '요즘 생겨난 개념'을 생텍쥐페리와 《어린왕자》와 연관지어 해석하는 것은 억지스런 자의적 해석이라든지, 이데올로기적 독해라는 인상을 줄지도 모른다. 하지만 인간이 다른 인간을 정신적으로 지배한다는 것의 의미와 여기서 해방되는 길이 어디 있을지 물음을 다시 세워보면, 모럴 해러스먼트가 생텍쥐페리의 인간론과 문명론의 핵심에 닿아 있는 문제임을 알 수 있다. 생텍쥐페리는 인간의 창조성을 빼앗고 그 인간들을 개미굴의 흰개미들처럼 만들어버리는 현대 문명사회를 철저하게 비판했으며, 파시즘과 끝까지 싸웠던 작가였기 때문이다.

야스토미의 해석이 단순히 억지로 갖다 붙인 자의적 궤변이 아니라는 것은 그가 했던 올바른 지적들로 증명된다. 특히 '길들이다'와 관련된 비대칭성 등, 나를 포함해 전문가들 사이에서도 논란이 되었던 문제에 대한 날카로운 지적은 오히려 저자가 문학 연구의 전문가가 아니었기 때문에 가능하지 않았을까 싶다.

나아가 이 책은 지금까지 어떤 전문가들도 답해주지 않았던 《어린왕자》에 대한 의문에 아주 명쾌한 답과 흥미로운 실마리를 제공한다. 이를테면 왜 왕자가 양을 그려달라 했는지, 장미의 가시 이야기에서 왕자는 왜 분노했는지, 왕자가 왜 장미는 책임지려고 하면서 자신이 길들인 여우와 화자인 '나'는 내버려둔 것인지. 오랜 세월 설명되지 않았던 이런 소박한 물음에 이 책이 처음으로 하나의 명확한 답을 제시해 보인 것이다. 《어린왕자》와 생텍쥐페리 연구에 새로운 지평을 열어준 이 책은 연구자를 위한 참고문헌 리스트에도 꼭 등록해야 하는 책 중 하나라고 할 수 있겠다.

《어린왕자》는 결코 단순하고 아름다운 '사랑=유대관계' 이야기가 아니다. 오히려 '사랑'과 '유대관계'란 아름다운 말이야말로 그 속에 죽음에 이르는 독이 녹아 있음을 경고하는 우화이며, 그림형제 동화처럼 사실은 무서운 이야기이다. 그리고 이런 면모가 이 작품을 더욱 위대한 것으로 돋보이게 해준다. 《어린왕자》는 아동용 도서라는 그 겉모습과는 달리 인간 내면의 깊은 어둠을 다루는 작품으로, '학대'라는 키워드로도 해석될 수 있고, 그림형제 동화처럼 인간 심리의 심층에 이르러 인류의 고전으로 거듭날 수 있는 동화이기 때문이다.

_후지타 요시타카藤田義孝(불문학자)

8

커뮤니케이션 속에 숨어 있는
악에 관한 보고서

《어린왕자》는 아름답고 슬픈 이야기다. 이 이야기는 독자의 마음을 사로잡는 힘이 있다. 동시에 수수께끼로 가득하기도 하다. 많은 독자들은 이를 수수께끼인 채로 남겨두기 원하는 것은 아닐까? 실제로 이 수수께끼 같은 느낌이 이 이야기의 매력인 것은 사실이다.

하지만 나는 이 수수께끼 하나하나를 깊게 생각해보고자 한다. 왜냐하면 이 이야기는 생텍쥐페리가 남긴 귀중한 메시지이고, 그 깊은 의미를 용기 있게 받아들이는 것이 이 이야기를 사랑하는 사람으로서 피해갈 수 없는 길이라 느꼈기 때문이다. 또한 이는 끝내 스스로 독사에게 물려 사막에 쓰러진 어린왕자가 필사적으로 남긴 메시지이기도 하다.

물론 나는 이 책의 매력을 해치면서까지 억지 해석을 하고 싶지는 않다. 말의 의미를 하나하나 숙고하며 독자 여러분과 함께 이해해보고자 하는 것이다. 그것이 이 책의 매력과 가치를 더욱 높여줄 것이라 믿는다.

《어린왕자》가 그리고 있는 것은 결국 무엇일까? 그것은 타인과의 소통 없이는 살 수 없는 인간의 커뮤니케이션 속에 숨어들어 인간을 고통스럽게 하는 '악'의 진상이라고 나는 생각한다. 생텍쥐페리는 이 악마에 홀려 고통스러워하면서도 끝까지 싸우다가 세상을 떠났다. 《어린왕자》는 이 악에 대한 '목숨을 건 보고서'이다.

나는 이 책을 쓰기 전에는 프랑스어를 공부한 적이 없어 벼락치기 식으로 도전했음을 미리 밝힌다. 《어린왕자》 원문을 해석하는 데는 가토 하루히사加藤晴久의 《내가 번역한 어린왕자》(2006)와 《우울한 얼굴을 한 '어린왕자'》(2007), 영문판 《The Little Prince》(translated by Richard Howard, Mariner Books; 2000)를 참고했다. 물론 프랑스어에 능통한 분들의 도움을 얻었으며, 내 해석에 오류가 없는지 감수를 받았다.

이렇게 해석한 원문을 '모럴 해러스먼트Moral Harassment'라는 개념에 입각해 분석했다. 이리고옌Marie-France Hirigoyen이 명저 《보이지 않는 도착적 폭력》(최복현 옮김, 북프렌즈, 2006)* 에서 주창한 이 개념이야말로 커뮤니케이션 속에 숨은 악마의 정체를 폭로하고 있다고 생각하기 때문이다.

이 해석에 의해 밝혀지는《어린왕자》의 모습은 이 작품의 매력을 보다 깊은 차원에서 드러내줄 것이라 믿는다. 그리고 그 모습은 오늘날 인류가 직면한 거대한 과제를 푸는 데 중요한 단서를 던져주고 있다고 생각한다.

---

* Marie-France Hirigoyen *Le Harcèlement Moral: La Violence Perverse au Quotidien*, Presse Pocket, 2011. 초판은 La Decouverte et Syros, Paris, 1998.

| 차례 |

1

먼저 원작《어린왕자》의 줄거리를 다시 한 번
살펴보자. 많은 독자들은 이미 이 책을 읽었을
것이다. 어떤 사람은 여러 번 반복해서 읽었을
테다. 그러나 이야기의 세부 내용을 기억하지 못할 수도 있고
원작을 아직 읽지 않은 이도 있을 테니 줄거리를 빠르게 훑는
것부터 해보겠다.

　일본어 번역본《별에서 온 왕자님星の王子さま》은 이와나미쇼
텐 출판사에서 1945년 종전 직후 출간한 판본의 제목이다. 프
랑스문학가 나이토 아로오内藤濯가 번역하면서 붙인 이름이다.
원제는 'Le Petit Prince'로 '별'이라는 말은 어디에도 나오지
않는다.

　프랑스어 Le는 영어의 The에 해당하는 정관사로 '저' 혹은
'그', Petit는 '작은' 또는 '어린', Prince는 '왕자'이다. Prince에
는 왕의 아들이라는 의미와 작은 영토를 지배하는 영주라는

의미가 있다. 추상적으로 '군주'라는 의미도 있으나, 이 경우에는 적절치 않다. 또한 '프린스'의 아버지에 해당하는 존재는 어디에도 등장하지 않으므로 사실 (왕의 아들로서의) 왕자라는 의미도 어울리지는 않는다. 따라서 가장 적절한 의미는 '영주'에 가깝다. 즉, 원제를 충실하게 직역하면 '그 작은 영주'가된다. 그렇지만 이런 식으로 제목을 붙였다가는《어린왕자》가이처럼 널리 읽히는 일은 없었을 것이다. 그러므로 이 책에서는 오랜 시간 익숙해진《별에서 온 왕자님》이라는 제목을 채용해 주인공을 '왕자'라 부르고자 한다.

원작《어린왕자》의 전체 구성은 다음과 같다.

맨 앞에 '레옹 베르트Léon Werth에게'라는 헌사가 나오고 총 27장의 이야기가 이어진 다음, 마지막에 왕자가 사라지고 없는 사막 그림과 함께 독자를 향한 호소가 덧붙는다. 각 장에는 번호가 붙어 있을 뿐 제목은 없다. 각 장의 내용을 간단하게 소개한다.

제1장　화자가 여섯 살 때 '코끼리를 삼킨 보아뱀'을 그렸는데 어른들은 하나같이 '모자 그림'이라고 틀리게 말하여 실망한다. 그후 화가가 되는 것을 포기하고 비행사가 된다.

제2장　지금으로부터 6년 전, 비행사인 화자가 사하라 사막에 불시착했을 때 어린왕자를 만나 양 그림을 그려준다.

제3장 왕자가 작은 혹성에서 왔음을 비행사가 알게 된다.

제4장 왕자가 살던 별이 터키인 천문학자가 발견한 소혹성 B-612인 것 같다고 말한다.

제5장 사막에 불시착한 지 3일째, 바오밥나무가 소혹성을 뒤덮어버릴 수도 있어 매일 뽑아야만 한다는 이야기를 왕자가 들려준다.

제6장 4일째 아침, 저녁놀을 하루에 마흔네 번이나 본 적이 있다는 이야기를 왕자에게서 듣는다.

제7장 5일째, 비행기를 수리하는 도중 왕자로부터 "장미의 가시는 어떤 쓸모가 있어?"라는 집요한 질문을 받고는 "아무런 쓸모도 없어. 그저 장미가 심술궂은 것뿐이야"라고 대답하자 왕자가 대성통곡한다.

제8장 어딘가에서 장미의 씨앗이 왕자의 혹성에 날아오더니 싹을 틔우고 꽃을 피워 왕자를 유혹하고, 현혹된 왕자가 장미의 까다로운 성격으로 인해 고뇌에 빠지고 불행해진다.

제9장 왕자가 자신의 별을 버리고 떠나려고 하자 갑자기 장미가 조신한 태도를 보여 왕자가 혼란에 빠진다.

제10장 그후 소혹성과 지구를 순방하며 기묘한 '어른인 사람'들을 만나는데, 맨 먼저 왕의 별을 방문한다.

제11장 자만심 강한 남자의 별 이야기.

제12장 알코올 중독자의 별 이야기.

제13장 비즈니스맨의 별 이야기.

제14장 점등원의 별 이야기.

제15장 지리학자의 별에서 "꽃은 덧없는 것이므로 기록하지 않는다"는 말을 듣고 왕자가 후회의 감정으로 고통스러워한다.

제16장 지구의 점등원 이야기.

제17장 지구에 온 왕자는 사막에서 뱀을 만나 "여기는 왜 왔니"라는 질문을 받고 "꽃이랑 사이가 틀어져서"라고 대답한다. 뱀이 "돌아가고 싶으면 언제든지 땅으로 돌려보내 줄게"라고 말한다.

제18장 왕자가 만난 한 송이 꽃이 "인간에겐 뿌리가 없으니 참 불편하겠구나"라고 말한다.

제19장 왕자가 높은 산에 올라 소리쳤는데 메아리밖에 돌

아오지 않는다.

제20장 왕자가 수많은 장미가 흐드러지게 피어 있는 정원에 도착해 소혹성의 장미에게 속았다는 사실을 알고 운다.

제21장 왕자가 사막여우와 만나 '길들이다'라는 말을 배우고는 장미 정원으로 다시 가 짓궂은 말을 하고 돌아와 사막여우에게 "길들인 장미를 책임져야만 해"라는 말을 듣는다.

제22장 전철수 이야기.

제23장 약을 파는 상인 이야기.

제24장 8일째, 마실 물이 다 떨어져 비행사와 왕자가 우물을 찾아 떠난다.

제25장 왕자가 발견한 멋진 우물에서 물을 마시면서 대화를 나누다가 왕자가 지구에 온 지 정확히 일 년이 되어 낙하지점으로 돌아가는 중이었음을 알게 된다.

제26장 왕자가 뱀과 이야기하는 장면에 비행사가 나타나 다른 주제로 대화한 후, 왕자가 뱀에게 자신을 물도록 하여 사막 위에서 쓰러진다.

제27장 6년 후인 현재로 돌아와 왕자에게 양의 부리망을 그려주는 걸 잊었음을 비행사가 떠올린다.

그리고 마지막으로 왕자가 사라진 사막 그림과 독자를 향한 호소가 이어진다.

이미 읽은 이들은 이제 줄거리를 떠올렸을 거라 본다.《어린 왕자》는 이처럼 짧으면서도 꽤 복잡한 구조로 되어 있다.

다음으로 이 이야기의 등장인물과 각 등장인물에 얽혀 있는 이야기를 정리해두고자 한다. 우선 화자는 화가가 되려다 포기하고 비행사가 된 사람이다. 사하라 사막에 불시착한 6년 전의 경험을 말하는 것이《어린왕자》의 내용이다. "옛날 옛적 에 어느 마을이 있었는데…"라고 평범하게 말하려고 했지만 이토록 슬픈 기억을 청자가 너무 가볍게 받아들이는 것이 싫 어 평범하게 말하지 않기로 결심했다고 한다.

비행사는 조난당한 다음날 아침 사막 한가운데에서 왕자와 갑자기 조우해 함께 시간을 보내다가 9일 후에 헤어진다. 이후 수리를 마친 비행기를 타고 무사히 동료들이 있는 곳으로 돌아와 6년 후인 현재 이 이야기를 말하고 있는 설정이다. 화자의 모습을 나타내는 삽화는 어디에도 없다.(원래는 화자의 팔이 그려진 삽화가 있었다는데 작가가 삭제했다고 한다.) 이 이야기는 생텍쥐페리가 실제로 리비아의 사막에서 조난당해 며칠 동안 헤매다가 귀환한 적이 있는데 그 경험이 반영된 것이 틀림없다.

이야기의 주인공은 왕자이다. 왕자는 어느 소혹성에서 혼자 살고 있었다. 귀여운 생김새이지만 우주 공간에 홀로 둥둥 떠 있는 모습은 대단히 고독한 인상을 준다. 원작 제3장 첫머리에 나오는 삽화에서 낭떠러지 위에 멍하니 서 있는 왕자의 모습 역시 고독해 보인다.

그런데 왕자 자신은 대체로 외로움을 느끼지 않는 것처럼 보인다. 그나마 외롭다고 느끼는 장면이 있는 건 제6장이다. 뒤에서 자세히 이야기하겠지만, 저녁놀을 마흔네 번이나 봤다는 건 외롭다기보다 슬프다는 표현이 어울리는데, 실제로 왕자도 슬프다고 말하고 있다. 저녁놀이 보고 싶어지는 기분이란 건 단순히 고독한 상황에서 외로움을 느낀다기보다는 괴로운 일이 있어 의기소침한 인상을 준다.

이렇게 생각하며 소혹성 위에 우두커니 서 있는 왕자의 그림을 다시 보면 '외로워' 보이기보다는 어딘가 '마음이 다른 곳에 가 있는' 느낌이 강하게 든다. 실제로 화자가 이 '남자아이'의 정체를 파악하는 데 꽤 많은 시간이 걸렸는데, 이는 "왕자 자신은 많은 질문을 하면서 화자의 질문에는 조금도 귀를 기울이지 않았기"때문이다. 이는 곧 혼자만의 생각에 빠져 있는 소년의 모습을 묘사하고 있다.

이 고독한 우주 공간에 떠 있는 소혹성에도 여러 가지 풀과 나무의 씨앗이 날아온다고 한다. 그렇게 날아온 것이 장미의 씨앗이다.

왕자의 별에 침입한 장미는 공들여 화장을 하고 꽃을 피운다. 꽃을 본 적이 없는 왕자는 그 꽃의 아름다움에 매료되어 "당신은 어쩌면 그리 아름다운가요!"하며 감탄한다. 이에 장미는 "그렇죠?"하고 시치미를 떼며 대답한다.

이 대화에서 명확히 알 수 있듯 장미는 자의식 과잉에 까다로운 성격을 가졌고, 왕자는 이런 장미와 얽히면서 여러모로 고통을 받게 된다. 게다가 장미는 그렇게 고통당하는 것이 전부 왕자가 잘못했기 때문이라며 죄책감을 심어준다.

그래서 왕자는 하루에 마흔네 번이나 저녁놀을 볼 정도로 주눅이 들어 마침내 장미를 남겨두고 자신의 별을 떠나 방랑의 여정을 떠나기로 결심한다.

그러자 장미는 갑자기 조신한 태도로 "제가 바보였어요", "행복하길 바랄게요", "당신을 좋아했어요"라고 말한다. 이런 흔들기 수법에 약한 왕자는 큰 혼란에 빠진다. 아무래도 왕자는 자기만의 세계에 갇혀 자문자답하는 성격이라 이러한 흔들기 수법이 위험하다는 것을 눈치채지도 못하고 쉽게 혼란에 빠져버린 것이다.

이 혼란스러운 감정을 끌어안은 채 왕자는 방랑의 여정을 떠나, 왕과 자만심 강한 남자, 알코올 중독자, 비즈니스맨, 점등원, 지리학자가 살고 있는 소혹성을 차례차례 순방한다. 이 대목은 분량도 많이 차지하는 데다 어른 사회의 어리석음을 통렬하게 풍자하는 장면으로, 어린왕자 이야기의 백미이기도 하다.

《어린왕자》를 처음 일본어로 번역해 일본에서 이 작품에 대한 이미지를 굳힌 나이토 아로오는 번역할 당시, 동심의 순수함과 중요성을 통감하며 이 책의 이런 면에 감동하면서 번역했다고 회고한 바 있다. 그래서 번역에서 가장 공들인 부분이 이 소혹성 순방 장면이라고 한다.

그런데 이 부분은 장미와 왕자 간의 알력이라는 핵심 스토리의 관점에서 보면 거의 의미가 없는 부분이다. 이 부분을 삭제해도 이야기는 충분히 성립한다.

유일하게 핵심 스토리와 연관이 있는 것은 지리학자이다. 모처럼 장미에게서 도망쳐 온 왕자에게 지리학자는 '꽃 따위는 덧없는 것이니까 기록하지 않는다'는 쓸데없는 말을 한다. 이로 인해 왕자는 이 '덧없는' 장미를 두고 온 것에 대한 죄책감을 느끼게 된다.

지리학자는 왕자에게 다음 목적지로 지구에 갈 것을 권한다. 지구에 온 왕자는 뱀이나 고독한 사막의 꽃과 조우하거나 높은 바위에 올라가 소리쳐보기도 하지만 여전히 혼자였다.

여기서 갑자기 장미가 흐드러지게 핀 정원이 나온다. 소혹성에 있던 장미는 자기가 세계에서 유일하다고 말했기 때문에 왕자는 그동안 자신이 속은 것을 알고 '대단히 비참한 감정'을 느낀다. 그리고는 풀밭 위에서 뒹굴며 통곡한다.

그런데 이상하게도 "장미에게 속았잖아!" 하고 분해서 우는 것이 아니라 "이걸 보면 장미는 크게 상처를 받겠지"라며 우는 것이다. 또 "이 세상에서 오직 하나뿐인 장미를 가졌다고 생각하며 행복했는데 그냥 수많은 장미 중 하나였구나"라며 독백한다. 여기서 왕자는 확실히 이상한 반응을 보이면서 혼란에 빠져 있다.

그 순간 중요한 '인물'이 등장하는데, 바로 사막여우다. 사막여우는 대단히 결정적인 역할을 수행한다. 사막여우와 만난 왕자는 매우 경계하는 듯한 얼굴을 하고 있다. 그러나 왕자는 "같이 놀자"고 제안한다. 사막여우는 이 제안을 거절하고 그 이유를 "나는 길들여져 있지 않으니까Je ne suis pas apprivoisé"라고 설명한다.

이 apprivoiser(길들이다)라는 동사가 《어린왕자》의 핵심 키워드이다. 이를 어떻게 해석하냐에 따라 《어린왕자》는 완전히 다른 색채를 띠게 된다. 이 점에 대해서는 뒤에서 자세히 논의하고자 한다.

왕자는 사막여우의 요청에 따라 여우를 '길들인다'. 이윽고 여우와 헤어질 때가 되어 한 번 더 '길들이다'라는 말에 대해 묻고 답한다. 그리고 왕자는 사막여우의 지시를 받고 정원에 만개한 장미들을 찾아가 "너희들은 예쁘지만 텅 비었어"라는 짓궂은 말로 장미들을 당혹케 한 후 사막여우가 있는 곳으로 돌아온다.

그리고는 또 다시 '길들이다'에 대해 묻고 답하면서 이런 충고를 듣는다.

(1) 본질은 눈에 보이지 않는다.
(2) 네가 길들인 것에 대해 너는 책임을 져야만 한다.

이때 왕자는 "나는 장미를 책임져야만 해…"라고 중얼거린다. 여기서 왕자는 다시 길을 떠나 전철기轉鐵機를 조작하는 철도원을 만나고(제22장), 알약을 파는 상인과 만나지만(제23장) 이 역시 스토리의 핵심과는 관계없는 이야기이다.

제24장에서 왕자는 다시 비행사와 대화를 나눈다. 그러나 비행사는 일주일이 지나도록 비행기 수리를 마치지 못한 데다가 마실 물이 한 방울도 남지 않아 초조해하고 있었다. 이런

사정에는 아무런 관심도 없다는 양 자기 이야기만 하는 왕자와 함께 비행사는 마실 물을 찾아 사막을 헤매기 시작한다.

그리고 다음날 아침 수수께끼의 우물을 발견한다. 이는 도르래와 두레박과 밧줄이 모두 갖춰져 있는, 사막에서는 도저히 찾을 수 없는 훌륭한 우물이었다. 마침내 비행사는 한숨 돌리고서 왕자의 이야기에 귀를 기울인다. 그리고는 이 장소가 정확히 일 년 전에 왕자가 지구에 왔을 때 낙하했던 지점이었음을 알게 된다.

제26장에서 왕자는 무너지다 만 벽 위에 앉아 맹독을 가진 뱀과 대화를 나눈다. 비행기의 결함이 어딘지를 발견해 왕자에게 알려주러 온 비행사는 왕자가 뱀에게 "강한 독을 가지고 있다면서?"라고 말하는 걸 듣고는 충격을 받는다. 왕자는 비행사에게 "나도 오늘 내가 있던 곳으로 돌아갈 거야"라고 전한다.

어린왕자가 자살할지도 모른다고 염려한 비행사는 왕자 곁에서 떨어지지 않고 그날 밤을 보내려고 하지만 왕자는 몰래 빠져나와버린다. 필사적으로 왕자를 쫓아가 붙잡지만 왕자는 "나의 꽃… 나는 그 꽃을 책임져야만 해!"하며, 독사에게 다리를 물게 해 사막 위에 소리 없이 쓰러진다.

제27장은 6년 후의 일이다. 비행사는 왕자와 함께했던 시간을 계속 떠올린다. 그리고 마지막으로 독자들에게 만약 아프

리카의 사막을 여행하게 된다면 이곳의 모습을 잘 기억해두었다가 혹시 왕자가 거기에 있다면 곧바로 연락을 해달라고 호소하며 끝을 맺는다.

2

《어린왕자》의 내러티브와 등장인물들의 모습을 다시 한 번 정리해봤다. 이미 책을 읽은 독자라도 새로운 인상을 받은 부분이 있으리라 생각한다. 무엇보다도 왕자와 장미의 관계는 꼬일 대로 꼬인 남녀 관계에서 흔히 볼 수 있는 장면으로, 도무지 아동용 이야기라고는 생각하기 어렵다. 어째서 이렇게 복잡하게 꼬여 있는 '어른들의 사정'을 아이들에게 읽히려 하는지 의문이다.

2장에서는 장미와 어린왕자의 관계가 가진 특징에 대해 고찰해보고자 한다. 결론부터 얘기하자면 2장 제목처럼 나는 그 특징이 다름 아닌 장미에 의한 '모럴 해러스먼트moral harassment'라고 생각한다.

내가 이런 결론에 이르게 된 경위는 프랑스의 정신과 의사 마리에 프랑스 이리고옌Marie-France Hirigoyen*이 1998년에 쓴 《모럴 해러스먼트Le Harcèlement Moral》를 읽은 데서 출발한다.

이 책은 일찍이 1999년에 일본어로도 출판되었다.

이리고옌은 자신이 여성이기도 하여, 남성으로부터 정신적, 신체적 폭력을 당한 여성들을 상담할 기회가 많았다고 한다. 그러던 중 신체적 폭력은 당하지 않았지만 마음에 심한 상처를 안고 살아가는 여성들이 많다는 점을 발견했다. 그녀들은 한결같이 자신에 대한 깊은 죄의식을 품고 있었으며, 학대자를 두려워하면서도 사랑하고 있다고 여겼다. 이리고옌은 이와 비슷한 현상이 가정에서뿐만 아니라 직장과 학교 같은 공간에서도 널리 관찰되며, 성별을 불문하고 많은 이들이 심각한 문제에 노출되어 있다는 것을 발견했다.

나 또한 예전에는 원인 모를 죄책감에 시달리며 잿빛 하늘 아래 살고 있었다. 심한 알레르기와 피부염에 괴로워하며 살아갈 기력을 찾지 못하다가, 한 지인한테 "당신은 배우자로부터 모럴 해러스먼트를 당하고 있다"는 말을 들었다. 그래서 이리고옌의 책을 읽게 된 것이다.

놀랍게도 이리고옌의 책은 많은 부분에서 내 상황을 정확하게 묘사하고 있었다. 특히 피해자의 심정으로 묘사된 부분이

---

* Hirigoyen은 한글 외래어표기법에 따르면 '이리고옌'이다.《모럴 해러스먼트Le Harcèlement Moral》의 일어 번역서에는 '이르고옌느'라 나와 있어 저자는 이 책에서도 그 표기법을 따르고 있는데, 우리말로 옮기면서 이리고옌으로 표기하기로 한다._옮긴이 주

내가 느낀 것과 거의 일치했다. 나는 나름 특이한 인생을 살고 있다고 생각했지만 실제로는 흔히 있는 사례에 불과했던 것이다. 이런 깨달음은 내게 실존적 충격을 주었다.

이리고옌은 주로 여성을 피해자로, 남성을 학대자로 설정한 사례를 들고 있다. 하지만 커뮤니케이션의 병리라는 측면에서 모럴 해러스먼트의 본질을 고려하면 성별이 중요한 요소라고는 할 수 없다. 적어도 이론적으로 모럴 해러스먼트는 어떠한 인간관계에서도 일어날 수 있는 것으로, 성별은 외적 요인의 하나에 불과하다.

이리고옌의 책을 영문판으로 번역한 토머스 무어Thomas Moore는 머리말에 이렇게 썼다.

프랑스어는 단어마다 성性이 부여되어 있지만, 영어 단어에는 성性이 없다. 그러므로 학대자abuser와 피해자victime 성별을 임의로 바꿀 수 있다는 점에 주의해주길 바란다. 다시 말해 성별에 상관없이 누구나 학대자 혹은 피해자가 될 수 있다.

프랑스어는 영어와 달리 단어에 인간의 성별을 부여하기 때문에 이런 문제가 생긴 것이라고 생각한다. 아마 '피해자la victime'란 단어가 실제 피해자의 성별과 상관없이 여성형 명사이므로 이런 설명이 필요했던 게 아닌가 싶다.

일본어는 프랑스어와 달리 남녀를 특정하지 않고도 표현할 수 있으므로, 여기서는 불가피한 경우 외에는 성별이 드러나지 않는 용어를 쓰고자 한다.

이리고옌은 문학과 영화에 모럴 해러스먼트를 묘사한 작품이 많다는 사실을 지적하고 있다. 나는 이 지적에 입각해 여러 문학 작품을 조사, 분석해보았다. 그중 가장 순수하고 아름다우면서도 그 모습을 처연하게 묘사한 걸작이 바로《어린왕자》였다.

그렇다면 '모럴 해러스먼트'란 도대체 무엇일까. 이리고옌은 본인의 저서《모럴 해러스먼트》머리말에서 이렇게 말하고 있다.

인생을 살다 보면 기운을 북돋고 최선을 다할 수 있도록 격려해주는 자극적인 만남이 있는가 하면, 우리에게 해를 가하거나 심한 경우 파멸시킬 수 있는 만남도 있다. 정서적 학대harcèlement moral를 통해 어떤 사람이 다른 사람을 파멸시킬 수 있다. 이는 때때로 진정한 영혼의 살인에 이르기도 한다. 이 사악한 공격은 연인과 가족, 직장, 정치적 생활, 사회 생활 등 다양한 장면에서 나타나며, 우리들 모두가 그 목격자다. 그러나 이 간접적 형태의 폭력에 대해서는 흔히 우리 사회는 눈을 감아버린다. 우리는 관용이란 이름 아래 세상에 너무 쉽게 동조해버린다.(Hirigoyen

1998, p.7; E. p.3)[*]

여기서 '정서적 학대'로 번역한 것이 프랑스어의 harcèle
ment moral(모럴 해러스먼트)이다.

주의해야 할 점은 여기서 이리고엔이 아무런 설명도 하지
않고 'harcèlement moral'이란 말을 사용하고 있다는 점이다.
이는 이 말이 프랑스어에서는 특별한 설명을 요하지 않는 개
념이란 점을 시사한다.

프랑스어의 harcèlement는 '집요하게 공격하기 또는 괴롭히
기'란 뜻을 지니고 있다. 이는 harceler란 동사에서 유래하는
데, 그 의미는 '쉴 새 없이 공격을 반복하다/집요하게 괴롭히
거나 짜증나게 하다'이다.(《크라운 불일사전 제5판》, 산세이도)
영어의 자매어인 harass는 《지니어스 영일대사전》에 따르면,
고대 프랑스어에서 유래한 낱말로 개를 사냥감에게 달려들게
한다는 의미의 harer가 어원이라고 한다. 일본어에는 여기에
딱 들어맞는 말은 없지만 '이지메', '조리돌림', '짓궂게 괴롭
히기', '스토킹' 등이 이에 가깝다. 가장 적합한 표현은 '짓궂

---

* 이리고엔 책의 일본어판은 원문을 상당히 편집해서 번역한 것이므로 그대
로는 인용할 수 없어, 영문판을 참고하면서 불어판 원문을 직접 번역해서
인용했음을 밝힌다.(이리고엔의 저서 인용은 원저 페이지와 함께 영어판
페이지를 E.로 병기해두었다.)_저자 주

게 괴롭히기嫌がらせ' 정도가 아닐까 싶다.*

한편, 프랑스어 moral은 '도덕의, 윤리의'라는 의미 외에 '(육체, 물질에 대조하여) 정신의, 형이상학의'라는 의미가 있다. 이는 영어도 거의 동일하다. 여기서는 신체에 대한 직접적 폭력이 아니란 의미로 사용되고 있다.

원서의 영문판에서는 harcèlement moral을 'emotional abuse' 라고 번역하고 있다. abuse는 '남용하다, 악용하다, 혹사하다, 학대하다'라는 뜻을 지니고 있다. 이 말은 '다 써버리다'라는 의미의 라틴어 동사 abutor에서 유래한 것이다. 여기에는 긍정적, 부정적 의미가 모두 있는데, 현재 영어에서는 부정적 의미만이 남아 있다. emotional 역시 라틴어에서 온 말로, emoveo 란 동사에서 유래한다. '밖을 향해(e-)' '움직이다(moveo)', 즉 인간의 내면에서 외부로의 움직임이란 의미에서 '감정, 정서' 라는 뜻으로 파생된 것이다.

그렇다면 emotional abuse는 '정서적으로 상대를 지치게 만드는 짓궂은 행위 혹은 학대'라는 말이 된다. 종합해보면 '모럴 해러스먼트'의 직접적 의미는 '신체가 아니라 정신적, 정서적인 차원에서 지속적으로 일어나는 괴롭힘, 짓궂은 행위, 스

---

* '괴롭히기'라는 뜻의 일본말 '이야가라세嫌がらせ'는 상대방이 싫어하는 짓을 일부러 하는 것을 가리키는 말로 끈질기게 괴롭히려는 의도를 담고 있다._옮긴이 주

토킹 같은 학대'라고 생각해도 무방할 것이다.

하지만 이리고옌의 책은 모럴 해러스먼트를 단순히 '짓궂은 짓'과는 다른 차원에서 사용하고 있는데, 이 개념을 확장하고 심화하여 더욱 고차원의 개념으로 발전시킨다. 마지막에 가서는 결국 '모럴 해러스먼트'라고 부를 수밖에 없는 독자적인 개념이 된다. 그러므로 이 책에서는 '모럴 해러스먼트'라는 말을 사전적 의미(정서적 학대, 짓궂은 행위 등)와는 구별하여 사용하도록 하겠다.

이에 더해 나는 《어린왕자》를 분석하면서 이 개념을 더욱 추상화하고자 한다. 왜냐하면 이미 《복잡한 시대를 살아간다는 것》(이와나미쇼텐, 2006년)에서 논했듯이, 이 개념은 인간의 커뮤니케이션 본질을 고려하는 데 결정적 의의를 가지고 있다고 생각하기 때문이다. 이리고옌의 업적에 대한 나의 평가는 어쩌면 그녀의 자기 평가를 훨씬 넘어서 있다.

2006년 2월 24일 도쿄대에서 이리고옌의 강연회가 있었다. 거기서 나는 주최자에게 부탁하여 직접 대화할 기회를 얻었다. 그녀에게 "모럴 해러스먼트 개념은 인간의 커뮤니케이션 연구에 대단히 중요한 것으로, 프로이트가 '이드$_{id}$'를 발견했다면 당신은 '모럴 해러스먼트'를 발견했다고 할 수 있을 정도로 위대한 업적이라 생각합니다"라고 말하자 그녀는 약간 당혹스러운 표정을 보였다. 아마도 내 평가는 '과대평가'였을지도 모른다. 그러므로 이 책의 해러스먼트론은 이리고옌의 이론에 전면적으로 입각한 것이지만 원래의 것과는 다를 수 있음을 미리 일러두고자 한다.

'모럴 해러스먼트'는 단순한 '짓궂은 짓'과는 차원이 다르다. '짓궂은 짓'이 행위에 속하는 데 비해 '모럴 해러스먼트'는 개별 행위의 명칭이 아니다. 이는 두 인간이 맺는 관계의 존재 방식, 혹은 그 구조에 관한 명칭이다. 어떤 사람이 다른 사람에게 '짓궂은 짓'을 한 차례 혹은 몇 차례 했어도 그것은 모럴 해러스먼트가 아니다. 짓궂게 괴롭히는 짓만 되풀이되었다면 그것은 '모럴 해러스먼트'가 아닌 그저 '괴롭히기의 되풀이'에 지나지 않는다.

'모럴 해러스먼트'가 성립하기 위해서는 '괴롭히는 짓'이 자행되면서 동시에 그것이 은폐되어야만 한다. '괴롭히기'와 '괴롭히는 짓의 은폐'가 동시에 일어나는 것이 모럴 해러스먼트의 결정적인 요소이다. 그럼으로써 피해자가 '나는 괴롭힘을 당한 적이 없는데', '잘못한 건 난데'라고 생각하는 것이 모럴 해러스먼트가 성립하기 위한 필수 조건이다.

미리 말해두건대 일본에서는 '모럴'이라고 하면 '도덕'과 관련 있는 것으로 인식하는 경우가 있지만 이는 오해이다. 2013년에 출간된 가토 타이조加藤諦三 교수의 《모럴 해러스먼트의 심리구조》는 모럴 해러스먼트를 '모럴에 의한 해러스먼트', '미덕에 의한 지배'라는 의미로 서슴없이 사용하고 있다. 가토 교수의 논의 자체에는 배울 점이 많지만 이리고옌의 저서와는 아무런 관계가 없다. 가토 교수는 '미덕 해러스먼트' 같은 별개의 개념을 제안하여 혼란을 피했어야 했다고 생각한다.

그렇다고 해도 이런 오해에는 나름의 이유가 있다. 왜냐하면 '괴롭히는 짓'을 은폐하기 위해 '미덕'이 거론되는 경우가 많기 때문이다. 부모가 자식을 괴롭히면서도 "나도 이러고 싶지는 않지만 다 너를 위해서 그러는 거야" 하며 자녀에게 죄책감을 심어주는 것은 최악의 그리고 어쩌면 근원적인 모럴 해러스먼트이다.

앞서 이리고옌의 저서에서 인용한 문장에는 '진정한 영혼의 살인un véritable meurtre psychique'이란 말이 있다. 이는 두 가지로 해석할 수 있다. 하나는 진정한 '영혼의 살인'이며, 다른 하나는 영혼의 차원을 통한 '진정한 살인'이다. 이 말은 어느 쪽으로도 해석할 수 있다.

'영혼의 살인'이란 모턴 샤츠만Morton Schatzman의 《Soul Murder》란 저서에서 유래하는 개념이다. 일본에서는 《영혼의 살인자: 교육에서 자행되는 사랑이란 이름의 학대》(소시샤, 1994년)란 제목으로 출판된 바 있다.

이는 모리츠 슈레버Moritz Schreber란 독일의 교육자가 자식들에게 자신의 교육이론을 엄격하게 적용하다 장남을 자살로 내

몰고, 판사로 출세했던 차남도 42세에 정신분열증에 걸린 사례를 연구한 것이다. 차남 파울 슈레버Daniel Paul Schreber는 자신이 겪은 환각 증세를 저서로 남겼고, 프로이트가 이를 해석해《슈레버 증례》란 책을 낸 것으로도 유명하다. 샤츠만은 이 사례를 새로운 시점에서 분석해 슈레버의 유아기 때의 체험과 정신분열 후의 회상록을 면밀히 비교하고 재해석을 더해 교육이 갖는 무시무시함을 규명했다. 이것이 '영혼의 살인'이다.

한편 영혼의 차원을 통한 '진정한 살인'이란, 이를테면 피해자의 죄책감을 극대화하여 자살로 내모는 것을 말한다. 이런 사례는 실제로 우리가 목격하는 '자살' 중 상당 부분을 차지할 가능성이 있다.

이리고옌은 이렇게 말한다.

우리가 숨겨진 폭력이라고 부르는 것(공갈, 협박)에 더해 실제로 폭력이 사용되어 살인에 이르는 경우도 있다. 이는 학대자의 사악한 게임이 실패한 것이다. 왜냐하면 이 사악한 자는 간접적으로 죽이는 것, 더 정확히 말하면 상대를 자살로 유도하는 것을 더 선호하기 때문이다.(Hirigoyen 1998, p.143; E. p.188)

이 관점에서 보면《어린왕자》의 비극적 결말은 명확한 의미를 갖는다. 이 점에 대해서는 나중에 자세히 논하고자 한다.

★ ★ ★

이리고옌은 '모럴 해러스먼트'가 두 단계를 거쳐 성립한다고
지적한다.

 (1) 학대자가 표적으로 삼은 피해자의 인격을 파괴하여 지
    배하에 두는 과정.
 (2) 정신적 폭력을 휘두르는 과정.

(1)의 과정은 몇 년에 걸쳐 일어나는 경우도 있다. 또 (2)의 과
정은 신체적 폭력으로 이어지는 경우도 있다. 그렇게 되면 '정
신적moral'이 아닌 '신체적physique'이 되지만 그 본질에 차이는
없다.

 (1)에서 학대자는 교묘하게 상대를 유인하여 관계를 형성한
다. 그후 상대의 인격을 불안정하게 만들어 서서히 자신감을
잃게 한 다음 최종적으로 지배하에 둔다. 지배하에 두는 데 성
공하면 명백한 학대 행위를 시작하는데, 상대를 괴롭히고 나
약하게 만들어 인격을 짓밟으면서 즐거워한다. 이 병적인 '커
뮤니케이션'의 존재 방식에 대해 이리고옌은 이렇게 말한다.

 지배를 확립하려면 커뮤니케이션의 왜곡 과정을 빼놓을 수 없

다. 이는 특이한 커뮤니케이션이며, 서로를 잇는 것이 아니라 서로의 교류를 배제하고 방해하는 것이다. 이러한 왜곡된 커뮤니케이션의 목적은 상대를 이용하는 데 있다. 이를 위해서는 피해자를 말로써 조작하고, 이런 과정을 이해하지 못하도록 하여 더욱 혼란에 빠뜨려야만 한다. 피해자를 무력화하는 데는 실제 정보에 대한 '보도관제'가 반드시 필요하다.(Hirigoyen 1998, p.117; E. p.95)

모럴 해러스먼트는 단순히 괴롭히는 것이 아니라, 타인을 지배하기 위한 커뮤니케이션 아닌 커뮤니케이션, 즉 '가짜 커뮤니케이션'이다. 피해자를 혼란에 빠뜨리고 정보를 조작해 피해자를 무력화하고 지배해 이용하는 일이다.

이 지적은 어린왕자가 지구에서 장미가 흐드러지게 핀 정원에 간 장면을 상기시킨다. 어린왕자는 자기 별의 장미와 완전히 똑같이 생긴 5천 송이의 꽃을 보고 경악하며 정체를 묻는다. 그러자 꽃들은 자기들이 장미라고 말한다. 소혹성의 장미는 어린왕자에게 자신이 우주에서 유일하다고 말하지 않았던가. 이는 장미가 어린왕자에게 거짓말을 하고 '보도관제' 곧 정보의 조작과 통제를 하고 있었음을 의미한다. 다음 장에서 자세히 검토하겠지만, 사막여우와 왕자의 대화는 이 장미의 거짓말을 해석하는 방법을 둘러싸고 전개된다.

학대자는 어떤 대상이라도 표적으로 삼을 수 있다. 이리고 옌은 이 점에 대해 이렇게 설명했다.

피해자는 어떻게 선택된 것인가. 이는 피해자가 거기에 있었기 때문이며, 어떠한 이유로 눈에 밟혔기 때문이다. 학대자 입장에서 피해자는 별로 특별한 존재가 아니다. 운 나쁘게(혹은 타이밍 좋게) 그때 거기에 있던 대체 가능한 사냥감에 불과하다. (Hirigoyen 1998, p.166; E. p.137)

장미의 씨앗이 소혹성에 날아와 어린왕자를 만나게 된 것은 단순한 우연이었으며, 여기에는 아무런 필연성도 없었다.

학대자가 피해자를 지배할 때 중요한 역할을 수행하는 것이 바로 피해자가 느끼는 '죄책감'이다. 그러므로 스스로 죄책감을 느끼면서 이를 해소하기 위해 강한 책임감을 느끼는 사람이 피해자가 되기 쉽다. 보다 정확히 말하면 대부분의 사람이 이런 면을 가지고 있는데, 바로 이 점이 학대자가 노리는 부분이다.

이렇게 표적이 된 피해자는 오해를 받거나 무언가 어색한 상태를 받아들이지 못하기 때문에 이를 바로잡으려 한다. 어려움에 직면한 경우에는 더욱 노력을 불태운다. 노력의 과잉으로 인해 사태가 악화되면 죄책감을 느낀다. 여기서 더욱 노력하다 멘탈이 무너져 상황이 더 악화되면 이는 이미 악순환에 빠진 것으로, 늘 무거운 죄책감에 시달리게 된다. 마지막에는 '저 사람이 만족하지 못하고 나를 괴롭히는 건 내가 잘못했기 때문이야'라며 자신을 추궁하는 지경에 이른다. 이 과잉 감정은 자책감과 함께 잘못을 저질러서는 안 된다는 두려움과 이어져 있다. 이런 가책은 커다란 피해의 원인이 된다. (Hirigoyen 1998, p.173; E. p.142)

죄책감의 자기증식이 일어나기 시작하면 피해자는 이미 학대자의 지배하에 들어간 것이며, 여기에서 빠져나오기란 대단히 어려운 일이다. 빠져나오는 것 자체에 강한 죄책감을 느끼기 때문이다.

모럴 해러스먼트는 직접적인 폭력을 수반하지 않는 가짜 커뮤니케이션, 혹은 병적인 커뮤니케이션이다. 이로 인해 피해자가 학대자에게 구속되는 것이 모럴 해러스먼트의 본질이다. 인격이 파괴되고 불안감에 시달리며 정보에 눈과 귀가 어두워진다. 죄책감에 괴로워하며 옴짝달싹할 수 없게 되는 것이다.

★ ★ ★

이제 이러한 관점에서 장미와 어린왕자의 관계를 살펴보자. 비행사가 어린왕자에게 처음 장미의 존재에 대해 들은 것은 5

일째 되던 날 아침이었다. 하지만 그 전날 석양에 관한 대화가
있었다.

아아, 어린왕자여. 나는 이렇게 조금씩 자네의 우울한 생활을 이
해하게 되었네. 오랫동안 자네에게 유일하게 위로가 되는 것은 석
양의 따스함이었군. 나는 이 새로운 사실을 나흘째 아침, 자네가
이렇게 말했을 때 알았다네. "나는 노을을 정말 좋아해."(제6장)

'자네의 우울한 생활ta petite vie mélancolique'에서 프랑스어 '멜
랑콜리mélancolique'는 어린왕자의 심정을 나타내는 일종의 키
워드이다. 이를테면 제3장의 마지막 부분에도 나오는데,

그리고는 약간 우울해하면서avec un peu de mélancolie 이렇게 말했다.
"앞으로 곧장 가봐야 그렇게 멀리 갈 수도 없어."

이런 형식으로 어린왕자의 심정을 나타내기 위해 멜랑콜리
란 말이 사용되고 있다.

어린왕자는 석양을 너무나도 좋아해 그의 작은 혹성 위를
걸어 다니면서 하루에도 몇 번이나 해넘이를 보곤 했다. 최고
로 많이 본 기록은 마흔네 번이라고 한다.

"하루는 노을이 지는 걸 마흔네 번이나 봤어."

그리고는 잠시 후 이렇게 덧붙였다.

"진짜 슬퍼지면 노을이 좋아지나 봐요…."

"마흔네 번이나 봤다는 날, 그렇게 많이 슬펐니?"

하지만 어린왕자는 대답하지 않았다.

참으로 우울한 장면이다. 이렇게 된 원인은 이 시점에선 아직 나오지 않지만 장미와의 관계에 있음이 서서히 드러나기 시작한다.

★★★

이어지는 제7장, 사막에 불시착한 지 5일째에 '장미의 가시'에 대해 긴 문답이 이어진다. 마실 물도 다 떨어져가는 상황에서 죽음의 공포에 떨며 고장 난 비행기를 수리하는 비행사에게 어린왕자가 갑자기 말을 건다.

"양이 딸기나무를 먹을 때 꽃도 먹어버릴까?"

"양은 눈에 보이는 건 뭐든 먹을 수 있지."

"가시를 가지고 있는 것도 먹어버릴까?"

"그럼. 가시를 가지고 있는 것도 먹어버리지."

"그렇다면 가시는 도대체 무슨 쓸모가 있는 걸까?"

비행사는 목숨이 걸린 수리 작업을 하는 중이어서 대답을 하지 않았다. 그러자 왕자는 더욱 정색하며 물었다.

"가시는 무슨 쓸모가 있는 걸까?"

어린왕자는 한번 질문하면 포기하는 법이 없었다. 나는 나사못 하나에 온 신경이 곤두서 있어 성의 없이 대충 대답했다.

"가시는 아무런 쓸모가 없어. 그건 그냥 짓궂다는 거야. 그 꽃이 말이야."

'그냥 짓궂다'는 프랑스어로 pure méchanceté이다. 이는 '순수하게 악의가 있다'고도 해석할 수 있다. 장미가 학대자라면 이와 일맥상통한다. 비행사의 발언은 중대한 사태를 야기한다. 어쨌든 이는 진실을 말한 것이기도 하기 때문이다. 이를 들은 왕자는 이상한 반응을 보인다. 이 "가시는 무슨 쓸모가 있는 걸까?"라는 질문은 그가 장미로부터 모럴 해러스먼트를 당한 결과라고 해석할 수 있다.

모럴 해러스먼트의 피해자는 자신이 학대자로 인해 가혹한 꼴을 당하고 있다는 사실을 좀처럼 인정하지 못한다. 학대자는 정상적인 커뮤니케이션이 이루어지고 있는 것처럼 연출해 피해자를 기만하며, 피해자가 이 점을 인지하지 못하는 것이 모럴 해러스먼트의 본질이다. 학대자는 '가짜 커뮤니케이션'

이외의 커뮤니케이션이 불가능한 인간이기 때문에 피해자가 그것이 '가짜'라고 인지하기는 쉽지 않다. 어쨌든 피해자는 스스로 원인에 대해 눈을 감아버리고 뭔가 괴롭긴 하지만 이유는 모르는 상태에 빠진다. 그리고는 그 이유를 헛되게 찾기 시작한다.

이리고옌은 말한다.

피해자도, 어쩌다 나오는 목격자도 눈앞에서 일어나는 일을 믿지 못한다. 왜냐하면 그 사람 자신이 사악하지 않은 이상, 그런 동정심이 결여된 폭력은 상상조차 하지 못하기 때문이다. 이리하여 사람들은 학대자에게도 이런 감정(죄책감, 슬픔, 양심의 가책)이 있다고 자기변명을 하기 십상이지만, 실제로 학대자에게 그런 감정은 눈곱만큼도 없다. 피해자는 사태를 정확히 인지하지 못하기 때문에 결국에는 마음의 동요를 일으키며 그런 일은 있을 수 없는 일이라며 현실을 부정해버린다.

학대자의 폭력적 행동과 말에 상처받은 피해자는 사태를 이해하고 설명하기 위한 헛된 노력을 한다. 그리고 그 사태가 자신에게 일어난 이유를 찾는 데 실패한다. 이로 인해 자신감을 잃고 언제나 신경이 곤두서 있어 공격적으로 변하고 '내가 뭘 잘못해서 이런 취급을 당하는 거지? 반드시 뭔가 이유가 있을 거야'라며 반복해서 묻는다.(Hirigoyen 1998, pp.185-6; E. p.154)

확실히 왕자는 되풀이해서 일방적으로 질문하고 있다.

이야기 속에서는 장미의 가시가 호랑이로부터 자신을 보호하기 위한 것으로 나와 있다. 그러나 조금만 생각해보면 알 수 있듯 별로 설득력 있는 말이 아니다. 소혹성에는 호랑이가 없기 때문이다. 그래서 왕자는 "가시는 무슨 쓸모가 있는 걸까?" 하며 집요하게 질문한다. 가시야말로 왕자가 우울한 원인인데, 왕자가 이 사실을 스스로 외면하고 있다고 생각하면 이 집요함이 설명된다.

이 '가시'는 장미에 의한 짓궂은 짓을 상징한다. 왕자는 자신이 장미의 가시에 콕콕 찔려 아프기 때문에 우울한 것임을 '알고' 있다. 하지만 장미의 위장적 커뮤니케이션에 의해 이 상태를 외면하도록 조작당하고 있다. 호랑이 이야기는 이 위장 공작의 일부에 불과하다. 왕자도 무의식적으로는 이를 인지하고 있기 때문에 "무슨 쓸모가 있는 걸까?(아무런 쓸모도 없는 거지?)"라고 질문하는 것이다.

왕자는 자기 고뇌의 원인을 알면서도 이를 스스로 부정하고 있다. 그리고 장미와 커뮤니케이션을 할 때마다 아픔을 느낀다. 이 원인은 '가시' 때문이지만 그 가능성을 외면하고 있기 때문에 이유를 찾지 못한다. 그러므로 아픔으로 우울해지는 자기 자신에게 죄책감을 느끼며 더욱 우울감에 빠진다.

비행사는 죽음의 공포로 인해 왕자의 기분을 배려할 여유가 없었다. 그래서 별 생각 없이 "장미가 짓궂은 것일 뿐이야"라며 솔직하게 말해버린다. 핵심을 간파당한 왕자는 화를 내며 스스로에게 하던 거짓말을 지키기 위해 엉뚱한 말을 하기 시작한다.

학대자에 의해 지배되고 있는 피해자는 학대자를 존경한다. 그도 그럴 것이 학대자가 먹잇감을 발견해 모럴 해러스먼트를 가하는 이유 중 하나가 그것이기 때문이다. 학대자는 공허한 인간이며, 사실 자신에게 아무것도 없음을 잘 알고 있다. 하지만 이를 인정하고 이 지점에서 자신의 성장을 추구하는 것이 불가능하다. 그래서 자신이 선망하는 무언가를 가진 사람을 지배함으로써 자신의 공허함을 메우려는 것이다.

피해자는 자신이 피해를 입고 있다고 인식하지 못하는 이상, 학대자를 존경하게 된다. 그리고 다른 사람이 학대자의 행위를 지적하면 허둥대며 이를 부정한다.

복종하는 피해자와 그런 피해자를 경멸하는 학대자의 모습을 보고 외부인이 피해자더러 너무 참는 것 아니냐고 지적해도 이 사실을 받아들이려 하지 않는다.(Hirigoyen 1998, p.191; E. p.158)

"꽃이 짓궂은 것일 뿐이야"라는 비행사(외부인)의 지적에 왕자는 혼란에 빠지더니 의미를 알 수 없는 항의를 시작한다.

"나는 당신을 신뢰하지 않아! 꽃les fleurs이란 연약한 존재야. 장미는 순진무구하다고. 자신이 할 수 있는 일로 나를 안심시켜주고 있어. 가시가 있으면 강해질 거라 믿고 있지."

여기서 왕자는 les fleurs란 복수형으로 말하며, '꽃이란 것'이라고 일반화하고 있다. 다시 말해, '그 꽃'이 아닌 '꽃 일반'에 대해 논하고 있다. 이는 기묘한 시각이지만 잘 생각해보면 자주 볼 수 있는 화법이다.

예를 들어 당신의 회사에서 누군가 상사로부터 모럴 해러스먼트를 당했다고 치자. 이 사실을 인지한 당신이 그 사람에게 "아무리 그래도 그건 좀 심한 거 아니냐"고 지적한다. 그러면 피해자는 대개 이렇게 말한다.

"글쎄, 그렇긴 한데… 상사가 다 그렇지 뭐."

당신은 구체적으로 '그 상사'의 악행을 지적하고 있는데, 피해자는 '상사 일반'에 대해 말함으로써 이야기를 얼버무리는 것이다.

이 사람도 사실 '그 상사'의 말과 행동이 심하다고 느끼고 있다. 그러므로 '그 상사가 심한 건 아니야'라고는 말하지 않는다. 하지만 '자신이 심한 일을 겪고 있다'는 사실을 인정하기가 두려워 '상사 일반'의 이야기를 함으로써 자기 자신을 기만하는 것이다.

남편에게 맞는 아내나 아내에게 지배당하는 남편의 경우에도 비슷한 반응을 볼 수 있다.

"개인차는 있겠지만 부부 사이란 원래 다 그런 거 아니겠어?"

'그 부부'의 이야기를 하고 있는데도 '부부 일반'에 대한 이야기로 논점이 틀어진다. 왕자가 여기서 구사하는 화법도 마찬가지이다. 왕자도 사실 '그 꽃'에게 뭔가 위화감을 느꼈을 터이다. 이 대목에서 진실은 아마도 이런 장면일 것이다.

"당신 말이 맞아! 그 꽃은 짓궂어. 장미는 이런저런 수를 써서 나를 지배하면서 자존심을 세우고 있어. 장미의 가시 때문에 나는 정말 아파."

여기는 중요한 포인트이므로 다시 한 번 강조하고자 한다. 왕자는 어째서 자신이 괴로운지 진짜 이유를 느끼고는 있지만 이를 스스로 부정해버림으로써 이유를 모르고 있다. 그로 인해 혼란에 빠지고 자신감을 잃었으며, 신경질적이고 공격적으로 변했다. 그리고는 "어째서 장미에게는 가시가 있는 거지?" 하며 집요하게 묻는다. 이는 이리고옌이 묘사하는 피해자의 모습과 일치한다.

비행사는 비행기를 수리하는 중이었고 마실 물도 떨어져 생존이 걸린 심각한 문제로 고민하던 터라 적당히 대답했다고 변명한다. 그러자 왕자는 더욱 화를 낸다.

"당신은 모든 것을 혼란에 빠뜨리고 있어… 당신이 모든 걸 뒤죽박죽으로 만들고 있어!"

'혼란에 빠뜨리다'는 confondre라는 동사이지만 이는 영어 confuse에 해당한다. '뒤죽박죽'은 mélanger로, '섞다'라는 의미이다. 하지만 '혼란에 빠진 것'은 비행사가 아니라 왕자 쪽이다. 그리고 앞서 이리고엔이 말했듯이, '혼란'은 학대자가 피해자를 지배하기 위한 중요한 요소이다.

여기서 왕자는 화를 내며 전혀 의미를 알 수 없는 말을 내뱉기 시작한다.

"아무런 쓸모도 없는 가시를 만들어내기 위해 꽃이 그렇게나 고생하는 건 왜일까. 이걸 이해하려는 것이 진지한 태도 아니겠어?"

이 장면은 많은 것을 암시한다. 장미가 얼핏 보기에 쓸모없어 보이는 가시를 애써 만들고 있는 것은 왕자와 같은 먹잇감을 지배하기 위한 것이다. 이 사실을 왕자는 깨달았어야만 하는데, 이 점을 처음부터 배제하고 있는 탓에 가시의 존재 이유를 이해할 수가 없다. 그러므로 엉뚱한 곳에서 답을 구하고자 헛된 노력을 되풀이한다. 왕자는 이런 헛된 노력을 '진지한 태도'라고 믿고 있는 것이다.

비행사가 그린 양은 위험한 가시를 가진 장미를 먹어치워 왕자를 구할 수 있었지만, 장미(=학대자)에게 지배되고 있는 왕자는 이를 거부한다. 그리고는 양으로부터 장미를 지킬 방법을 필사적으로 찾는다.

제7장의 마지막 장면에서 혼란스러워하는 왕자의 모습에 당황해 지쳐버린 비행사는 목숨이 걸린 작업을 중단하고 왕자를 안아 올리고는 이렇게 말한다.

"네가 사랑하는 꽃은 괜찮아… 내가 양의 부리망을 그려줄게… 내가 너의 꽃을 위한 집을 그려줄게… 내가….'

★ ★ ★

제8장에서 마침내 장미와 왕자의 만남이 그려진다.

장미는 갑자기 어딘가에서 씨앗의 형태로 날아왔다. 장미에게 왕자는 마침 거기 있던 매력적인 먹잇감에 불과했다. 왕자는 주의 깊게 관찰하더니 바오밥나무가 아니란 사실을 확인하고 꽃봉오리가 열리기를 손꼽아 기다렸다. 그러나 장미꽃은 며칠에 걸쳐 화장하고 신중하게 색을 고르며 옷을 차려입었다. 장미는 자신의 아름다움이 충분히 빛날 때 비로소 모습을 드러낼 작정이었다.

그리고는 어느 날, 일출 시간에 마침내 장미는 모습을 드러냈다.

"아아, 드디어 눈이 떠지네… 미안해요… 아직 머리가 부스스하네요…."

어린왕자는 감탄을 억누르지 못하며 말했다.

"당신은 어쩌면 그렇게 아름다운가요!"

"그렇죠?" 꽃은 부드러운 목소리로 응답했다. "게다가 나는 태양과 함께 태어났는걸요."

왕자는 장미가 그리 겸손하지는 않다고 생각했지만 그럼에도 너무나 매혹적이라고 느꼈다.

이는 장미의 완벽한 연출이다. 흥미롭게도 이 단계에서 왕자는 이것이 함정임을 어렴풋이 알고 있었지만 장미는 그보다도 더 매혹적이었던 것이다.

왕자가 자신의 황홀한 모습에 사로잡혀 있음을 간파한 장미는 왕자가 자신을 당연히 돌봐야 함에도 의무를 다하지 않고 있다며 압력을 넣는다. 이처럼 상대가 마음을 열고 있을 때 '푹' 하고 찌르는 것이 모럴 해러스먼트의 전형적인 수법이다. 왕자는 마음을 빼앗긴 순간 갑작스런 펀치를 맞고는 당황한다. 그리고는 다급히 물뿌리개를 들고 와서는 장미에게 물을 준다.

이리하여 왕자는 장미의 상당히 까다로운 허영심으로 인해 금세 괴로운 상황에 놓이기 시작했다. 하루는 장미가 자신이 가진 네 개의 가시에 대해 은근슬쩍 왕자에게 이렇게 말했다.

"호랑이가 발톱으로 덮쳐도 나는 끄떡없어요."

"내가 사는 별엔 호랑이가 없어. 게다가 호랑이는 어차피 풀 따위는 먹지 않아"라고 왕자는 반론했다.

그러자 꽃은 "나는 풀 따위가 아니예요" 하고 부드럽게 대답했다.

"미안."

"나는 호랑이 따위는 눈곱만큼도 무섭지 않지만 찬바람은 싫어요. 바람막이는 없나요?"

왕자는 "찬바람이 싫다니… 이것 참 곤란하네. 식물이 어떻게…"라고 중얼거린다. "이 꽃은 참 까다롭구나…."

"어두워지면 내게 동그란 유리 덮개를 덮어줄래요? 이곳은 왜 이렇게 추운 거지. 시설이 열악하네. 내가 여기 오기 전에 있던 곳은…."

하지만 장미는 여기서 입을 다물었다. 장미는 처음 나타났을 때 씨앗의 모양을 하고 있었기 때문에 다른 세계의 사정을 알고 있을 리가 없었다. 자신의 궤변에 머쓱해진 장미는 두세 차례 헛기침을 했다. 잘못한 것은 왕자 쪽이라고 생각하게끔 만들기 위해서였다.

"바람막이는 어떻게 됐어요?"

"가지러 가는 참인데 네가 말을 걸었잖아."

그러자 장미는 한 번 더 기침을 해보이면서 어찌됐건 왕자에게 자책감을 심어주려 했다.

여기서 장미가 되풀이하여 왕자를 압박하는 것은 '잘못한 건 당신이다'라는 감각, 다시 말해 '죄책감'을 주기 위해서다. 장미 스스로 멍청한 거짓말로 창피를 당한 것인데도 '창피'를 느끼게 한 왕자가 잘못한 것이라는 죄책감, 왕자가 장미를 배려하지 않았다는 죄책감을 심어주려 하고 있다. 헛기침을 하는 동작이 이를 위해 동원되고 있다.

이 장면에 대해 가토 하루히사는 중요한 지적을 하고 있다.

장미는 우선 '왕자가 잘못했다'고 하면서 다음 단계에서는 왕자 스스로 '자책감'을 느끼게 한다. 짓궂은 정도가 더욱 심화된다. (加藤晴久 2006, p. 81)

가토는 첫 번째 헛기침과 그 다음의 헛기침을 비교하고 있다. 첫 번째 헛기침은 씨앗으로 왕자의 혹성에 온 주제에 "내가 여기 오기 전에 있던 곳은 말이야…"라고 말실수를 하면서 느낀 창피함을 얼버무리기 위한 것이었다.

장미는 두세 번 헛기침을 했다. 잘못한 건 왕자 쪽이라고 느끼게 끔 하기 위해서였다.

elle avait toussé deux ou trois fois, pour mettre le petit prince dans son tort.

이것이 1단계이며 '잘못한 건 왕자다'라고 느끼게 하는 단계이다. 2단계에서는 자신이 말을 건 탓에 바람막이를 가지러 갈 수 없었다고 말하는 왕자의 반론을 봉쇄하고는 처음부터 바람막이를 준비하지 않은 왕자의 '센스 없음'을 지적하고, 반론하는 일 자체를 죄악시하여 '자책감remords'을 느끼도록 유도하고 있다. 가토는 "remords는 regret보다 훨씬 강한 후회"라고 주석을 달았다.

점점 고조되는 괴롭힘은 앞의 해석만으로도 충분히 치밀하고 갑작스러운 것으로 보인다. 작가는 이를 문학적인 응축된 표현 기법으로, 장미의 공격과 지배의 단계를 두 차례의 기침으로 간결하고 상징적으로 표현하고 있다.

이미 언급했듯이 이리고옌은 모럴 해러스먼트의 형성 과정을 (1)상대의 인격을 파괴하여 지배하에 두는 과정, (2)정신적 폭력을 휘두르는 과정으로 구분했다. 가토가 지적한 장미가 벌이는 짓궂은 짓의 2단계는 이와 일치한다. 이리고엔은 (1)의 단계가 몇 년에 걸쳐 일어나는 경우도 있다고 말하는데, 장미가 가하는 모럴 해러스먼트는 상징적으로 2단계에 걸친 기침으로 표현된 것이다.

이어서 핵심적인 문장이 등장하는데, 이는 《어린왕자》에서도 특히 난해한 부분이다.

Ainsi le petit prince, malgré la bonne volonté de son amour, avait vite douté d'elle. Il avait pris au sérieux des mots sans importance, et était devenu très malheureux.

이리하여 어린왕자는 그의 사랑이 담긴 선의에도 불구하고 금세 장미를 의심하게 되었다. 그는 별것도 아닌 말을 진지하게 받아들여 대단히 불행해졌다.

일단은 이렇게 번역을 해두겠다. 두 가지 문제가 있다. 하나는 '사랑이 담긴 선의에도 불구하고 금세 장미를 의심하게 되었다'는 말이 의미하는 바이다. 이 말이 전제로 하는 것은 (1) 사랑으로부터 선의가 발생한다, (2)선의가 있으면 상대를 의심하지는 않는다는 점이다. 두 전제 모두 혼란스럽지만 이는 모럴 해러스먼트 피해자의 심정으로 해석할 수 있다.

이리고옌은 이렇게 말한다.

게임은 마치 지적인 경기인 양 시작된다. 여기에는 극복해야 할 과제가 있다. 지나친 요구를 하는 상대방에게 파트너로서 인정받을 수 있는가 없는가 하는 것이다. 멜랑콜리한 사람mélancoliques은 '감정의 고조를 만들어내고se font des émotions', 인간관계에서 흥분을 추구한다. 이는 자신에게 무언가를 느끼게 해준다. 그리고 일부러 까다로운 상황과 파트너를 선택함으로써 그들은 자신의 가치를 스스로 인정하거나 높인다.

피해자가 되기 쉬운 사람은 무언가 유아기의 트라우마에 관계된 아픈 상처가 있는 한편, 비범한 활력을 가졌다고 말할 수 있다. 학대자는 전자의 멜랑콜리한 측면이 아닌, 후자의 활력 측면을 표적으로 삼아 그 활력을 훔치려고 하는 것이다.(Hirigoyen 1998, pp.174-5; E. p.143-4)

여기서 이리고옌이 말하는 '멜랑콜리한 사람'이란 후베르투스 텔렌바흐Hubertus Tellenbach(1914-1994)가 말하는 '멜랑콜리 친화형typus melancolicus'이다.

이리고옌에 따르면 이런 유형의 사람은 업무와 인간관계에서도 질서를 중요시하고 자신이 돌봐야 할 사람들에게 헌신하며, 거꾸로 타인으로부터 무언가 도움받는 일을 주저한다. 이

58

런 사람들은 질서에 대한 집착을 보이고 선행을 하고 싶어 하며 보통 사람들보다 더 열심히, 양심적으로 일한다. 이로 인해 더 이상은 못 하겠다고 할 정도의 한계치까지 버텨보려는 경향이 있다.

이런 유형의 사람은 "자신을 상대의 자유에 맡김으로써 상대의 사랑을 획득하고 그들에게 도움이 된다. 이들은 상대를 기쁘게 하는 일에 큰 만족감을 느낀다."(Hirigoyen 1998, pp.172-3; E. p.142)

여기서 묘사된 멜랑콜리 친화형의 가치관은 흥미롭게도 생텍쥐페리의 가치관과 많은 부분에서 공통된다.《생텍쥐페리의 생애》(1994)를 저술한 스테이시 쉬프Stacy Schiff는 이렇게 말하고 있다.

캡주비에서의 임무는 1928년 9월까지로 여겨졌다. (…) 상황이 바뀌지 않는 한 그곳에 남아 있는 일이 그의 '임무'였다. 그의 작품과 사상에서 대단히 중요한 말, "나는 어딘가에 쓸모가 있습니다"라는 말이 아마도 이곳에서 처음 사용되었다.(Schiff p. 37)

생텍쥐페리는 목숨을 버리면서까지 누군가에게 도움되는 일을 하는 것을 무엇보다도 소중히 여겼으며, 이를 가능케 하는 것이 사랑이라고 생각했던 것이다.

단, 멜랑콜리 친화형 인간이 '특별하게' 피해자가 된다는 건
아니다. 이미 말했듯이 이리고옌은 누구든지 피해자가 될 수
있다고 생각하고 있으며, 이런 멜랑콜리한 면이 누구에게나
조금씩은 있기 때문에 그 부분을 이용당한다고 봐야 할 것이
다. 혹은 모럴 해러스먼트의 함정에 빠짐으로써 멜랑콜리 친
화형 측면이 더욱 비대해져 이 함정에 더 빠지기 쉬워진다는
악순환으로 이해하는 편이 타당할 수도 있다.

학대자는 표적이 된 사람의 '타인에게 도움이 되고 싶어 하
는' 마음을 이용한다. 피해자는 까다로운 파트너의 지나친 요
구를 자신의 애정의 힘으로 극복해내는 게임 속으로 빠져든
다. 이런 식으로 자신의 가치를 자신에게 납득시키고자 하는
것이다. 이 게임이 성립하려면, 애정의 힘으로 상대의 악랄한
행위와 언행을 어디까지나 선의로 해석할 수 있어야 하며, 또
한 이를 의심하지 않고 받아들여 상대의 요구에 지속적으로
응답할 수 있어야만 한다. 이는 '사랑이 담긴 선의가 있음에도
불구하고 금세 장미를 의심하게 되었다'는 문장이 함의하는
(1), (2)의 조건 그 자체이기도 하다.

그런데 실제로는 이런 일이 인간에게 거의 불가능하다. 이
렇게 되면 피해자는 자신의 가치를 인정할 수 없게 되고, 죄책
감과 자책감에 괴로움을 느낄 뿐이다. 물론 학대자는 이를 노
리고 공격을 반복한다. 왕자가 장미의 말을 진지하게 받아들

여 불행해졌다는 건 이 함정에 빠졌기 때문이라고 이해할 수 있다. 이렇게 생각하면 앞서 소개한 난해한 문장을 일관성 있게 이해할 수 있다.

"이리하여 어린왕자는 사랑이 담긴 그의 선의에도 불구하고 금세 장미를 의심하게 되었다. 그는 별것도 아닌 말을 진지하게 받아들여 대단히 불행해졌다." 여기서 '사랑이 담긴 선의'는 왕자가 장미의 과도한 요구에 응답하여 파트너로서 인정받기 위한 과제에 진지하게 도전했다고 해석할 수 있다.

그러나 이 과제에 임하면 임할수록 왕자는 괴로워진다. 이는 장미의 '별것도 아닌 말', 다시 말해 '가시' 때문이다. 하지만 생텍쥐페리는 이렇게 자신을 희생하여 상대에게 도움이 된다면 아무리 희생하더라도 이는 기쁨의 일종이라는 윤리관을 가지고 있는 듯하다. 그러므로 사랑한다면 극복할 수 있다고 믿었던 것이 아닐까. 이리하여 모럴 해러스먼트의 함정이 성립하고 왕자는 불행해진 것이다. 이런 장미와의 관계를 고백한 왕자는 비행사에게 이렇게 소리친다.

"나는 장미가 하는 말을 듣지 말았어야 해. 꽃들이 하는 말을 들어서는 안 돼. 꽃은 바라보고 향기를 맡아야 해. 장미는 내 별을 좋은 향기로 채워주었어. 그런데 나는 그걸 즐기지 못했지. 호랑이 발톱 이야기도 나를 지루하게 하려던 것이 아니라 나에게 동정해달라는 것이었어…."

그리고는 덧붙여 이렇게 고백한다.

"그때 나는 아무것도 이해하지 못했어. 나는 장미의 말이 아니라 행동을 보고 생각해야만 했어. 장미는 나의 별을 좋은 향기로 채워주었고, 내 마음을 밝게 비춰주었어. 나는 도망치지 말아야 했어! 그 어설픈 거짓말 뒤에 숨어 있는 상냥함을 알아차려야만 했어. 꽃이란 참 모순된 존재야! 하지만 나는 너무 어려서 장미를 어떻게 사랑해야 하는지 몰랐어."

왕자의 이 고백은 다음과 같은 인식을 드러내고 있다.

(1) 장미는 좋은 향기와 예쁜 모습으로 기쁨을 준다.
(2) 장미는 심한 말을 하여 왕자에게 상처를 준다.
(3) 장미는 모순된 존재다.
(4) (1)이 '진의(=사랑)'이며, (2)는 '어리석은 책략'이다.
(5) 이를 이해했어야만 했는데 어려서 이해하지 못했다.
(6) 별을 떠나 장미로부터 도망친 것은 경솔했다.

하지만 모럴 해러스먼트라는 관점에서 보면 이 인식은 틀렸다. 장미의 행동은 조금도 모순되지 않는다. 모순된 메시지를 발신하여 왕자를 혼란에 빠뜨리는 것이 목적이기 때문이다.

학대자는 (1)로 피해자를 유혹하여 끌어당긴 후 (2)로 공격한다. (1)과 (2)를 합친 것이 '책략ruses'인데, 이에 대해 가토 하루히사는 "왕자를 길들이려고 잘난 체를 하고, 아양을 떨고, 허세를 부리고, 섬세한 척을 하고, 거짓말을 구사하는 장미의 온갖 농간"이라고 주를 달았다.(加藤晴久, 2006, P. 83)

이 치밀한 책략에 의해 피해자는 혼란에 빠진다. 이런 모순된 메시지를 발신해 피해자를 혼란에 빠뜨림으로써 모럴 해러스먼트는 성립한다. 혼란에 빠진 피해자는 '저 사람은 원래 좋은 사람이야. 저런 심한 말을 하는 건 내가 잘못했기 때문이야'라고 해석해버린다. 이러한 상태에 빠지면 괴로워지는 것이 당연하며, 이런 고뇌는 나이와 무관하다. 하지만 모럴 해러스먼트의 피해자는 자책감을 안고, 잘못은 '진의'를 이해하지 못한 자신에게 있다고 생각한다.

그리고 너무 고뇌한 나머지 이를 견디지 못하고 피해자가 학대자로부터 거리를 두게 되면 더욱 큰 죄책감에 시달리게 된다. 피해자는 자신을 무책임한 사람이라 생각하여 (6)과 같이 학대자로부터 거리를 두지 말았어야 한다며 후회한다.

이처럼 왕자의 고백은 모럴 해러스먼트 피해자의 전형적 사고 패턴을 단적으로 표현하고 있다. 생텍쥐페리가 불과 몇 줄의 문장으로 이렇게나 정확하게 피해자의 심리를 묘사하고 있음에 경탄을 금치 못한다.

★ ★ ★

제9장에서 왕자는 장미의 모럴 해러스먼트를 견디지 못하고 자신의 혹성을 버리고 여행을 떠난다. 여행을 떠나기 전 왕자는 늘 하던 대로 활화산을 청소하고, 평소에는 하지 않던 휴화산 청소도 만일을 대비해 한다. 또한 바오밥나무의 싹을 마지막 하나까지 완벽하게 제거하는 일상적인 일을 감상에 젖은 와중에도 수행해낸다.

그리고는 결심하더니 장미에게 마지막으로 물을 주고 유리 덮개를 덮어주려 하면서 작별의 인사를 건넨다.

"그럼 안녕" 하고 왕자는 꽃에게 말했다.
하지만 장미는 아무런 대답도 하지 않았다.
"그럼 안녕" 하고 그는 다시 말했다.
꽃은 기침을 했다. 하지만 그건 감기에 걸렸기 때문이 아니었다.

장미꽃이 기침을 한 것은 늘 하던 대로 왕자에게 죄책감을 심어주기 위한 작전이 시작된다는 일종의 신호이다. 이별의 순간에 가하는 공격은 의표를 찌른다.

"제가 참 바보였죠"라며 장미는 마침내 입을 열었다.

"용서해줘요. 그리고 부디 행복하길…."

왕자는 장미가 화내지 않는 모습에 놀랐다. 그는 유리 덮개를 손에 든 채 멍하니 서 있었다. 이처럼 차분하고도 상냥한 태도를 이해할 수가 없었다.

"그래요. 당신을 사랑해요"라고 장미는 그에게 말했다.

"당신이 이 사실을 몰랐던 건 제 탓이에요. 하지만 이젠 아무럼 어때요. 하지만 당신도 나와 마찬가지로 바보였어요. 행복하시길…. 그 유리 덮개는 이제 버려도 좋아요. 더 이상 필요 없으니까."

"하지만 바람이…."

"감기는 그렇게 심하지 않아요. 밤공기는 오히려 필요해요. 난 꽃이니까."

"하지만 동물과 곤충은…."

"나비와 친구가 되려면 두세 마리 정도의 나방은 견딜 수 있어 야겠지요. 나비는 정말 아름다우니까요. 그렇지 않으면 누가 내 곁에 찾아오겠어요? 당신은 멀리 떠나버리겠죠. 큰 동물 따위는 무섭지 않아요. 내겐 가시가 있으니까."

그리고 장미는 자신의 네 개의 가시를 천진난만하게 보였다. 그리고는 덧붙였다.

"그렇게 우물쭈물하지 말아요, 짜증나니까. 떠나겠다고 결심했
으면 얼른 떠나요."
이렇게 말한 건 우는 모습을 그에게 보이기 싫었기 때문이었다.
장미는 그렇게도 억척스러운 꽃이었다.

떠나겠다고 하면 장미가 심한 말을 할 거라고 각오하던 왕
자는 장미의 이런 고분고분한 태도에 충격을 받고 혼란에 빠
져 머릿속이 새하얘진다. 이것이야말로 장미의 마지막이자 가
장 강력한 공격이었다.
이리고옌은 말한다.

지배가 성립하면 피해자는 혼란에 빠진다. 괴로운 기분도 안 들
고 어떻게 괴로워해야 하는지도 모른다. 마치 마취 주사를 맞은
것처럼 머릿속은 새하얘져 아무것도 생각하지 못하겠다고 중얼
거릴 뿐이다. 피해자는 그들의 능력이 실제로 쇠퇴하여 그 일부
가 소멸하고 내면의 활력 넘치는 자발적 요소가 사라졌다고 말
한다.(Hirigoyen 1998, p.184; E. p.152)

이 피해자의 '혼란'이 바로 모럴 해러스먼트의 중요한 측면
이다. 작별하려는 순간 장미의 공격으로 왕자는 완전히 혼란
상태에 빠져서는 깊은 죄책감을 안고 여행을 떠난 것이다.

3

장미에게서 도망치기 위해 자신의 별을 떠나
온 어린왕자는 여러 소혹성을 돌게 된다. 그러
나 앞서 말했듯 이 부분은 그저 에피소드를 모
아놓은 것으로 본문 전체의 흐름과는 별 관계가 없다. 그래서
제10~14장까지는 나중에 7장에서 해설하겠다.

　하지만 제15장에 나오는 지리학자는 관계가 있다. 지리학자
와 어린왕자는 다음과 같은 대화를 나눈다. 어린왕자의 별에
무엇이 있냐는 지리학자의 질문에 왕자는 활화산 두 개, 휴화
산 한 개가 있다고 대답한다. 이어서 왕자는 이렇게 말한다.

"꽃도 한 송이 있는데요."

"꽃은 기록하지 않아."

"어째서죠? 그 꽃이 가장 예쁘단 말이에요."

"왜냐면 꽃은 덧없는 것이니까."

"'덧없다'는 건 뭐죠?"

'덧없다éphémère'의 의미를 바로 가르쳐주지 않는 지리학자에게 왕자는 "'덧없다'는 건 뭔가요?"라고 계속해서 묻는다. 그러자 지리학자는 말한다.

"그건 '조만간 소멸할 우려가 있는 것'이란 의미야."
"나의 꽃이 조만간 소멸할 우려가 있다고요?"
"물론이지."
왕자는 "나의 꽃은 덧없는 것이구나"라고 중얼거린다. 그런데도 이 세상에서 자신을 지키기 위해 가진 것이라곤 오직 네 개의 가시밖에 없다니! 그런데 나는 홀로 남겨진 장미를 그 별에 버리고 온 거야!
이것이 왕자가 자책감을 느끼는 발단이 되었다.(Ce fut là son premier mouvement de regret.)

물론 지리학자는 어린왕자를 후회하게 만들 의도가 없었지만 이 대화가 왕자의 '자책감regret'에 불을 붙였다. 여러 소혹성을 돌면서 잠시 잊고 있던 장미에게 자책감을 느끼게 되었고, 이후 왕자가 자살에 이르기까지 고난의 여정이 시작된다.

★ ★ ★

지리학자의 권유로 지구로 간 왕자는 제17장에서 독사와 만난다. 일 년 후에 왕자를 무는 바로 그 독사다. 독사와의 첫 대화에서도 왕자는 장미 이야기를 한다.

"여기는 왜 왔니?"
"어떤 꽃이 있는데 걔랑 사이가 좋지 못해서."

왕자의 대답은 'J'ai des difficultés avec une fleur'라는 것으로 '사이가 나쁘다, 잘 맞지 않는다'는 상투적 표현이지만 직역하자면 '나는 한 송이 꽃과의 사이에 어려움을 겪고 있다'이다.

이후 왕자는 사막에서 피는 시원찮은 꽃과 인사하고(제18장), 높은 산에 오르고(제19장), 이윽고 제20장에서 장미가 흐드러지게 핀 정원에 도착한다.

"안녕." 어린왕자가 말했다.
거긴 장미가 피어 있는 정원이었다.
"안녕." 장미들도 말했다.
어린왕자는 꽃을 보았다. 모두 자신의 장미와 무척 닮아 있었다.
"당신들은 누구인가요?" 왕자는 놀라움을 금치 못하며 꽃들에게 물었다.

"우리들은 장미예요."

"아아!"

어린왕자는 말했다. 그리고 그는 커다란 불행을 느꼈다. 그 꽃은 왕자에게 자신이 우주에서 유일하다고 말했지만 여기에는 단 하나의 정원에 그와 닮은 꽃들이 5천 송이나 피어 있었다.

다시 말해 왕자는 "난 이 세상에서 유일한 장미꽃이야"라는 장미의 말을 믿고 있었는데, 그 말이 새빨간 거짓말로 드러난 것이다. 이 순간 왕자는 '커다란 불행을 느꼈다 il se sentit très malheureux'.

이는 기묘한 반응이다. 장미에게 속았다는 사실을 깨달았다면 불행을 느낄 것이 아니라 '나를 잘도 속였군!' 하며 분노하는 것이 정상적인 반응이다. 이 또한 모럴 해러스먼트 피해자의 전형적 반응이라고 생각하면 납득이 간다.

이러한 피해자의 반응에 대해 이리고옌은 이렇게 말한다.

피해자는 자신이 학대당하고 있다는 사실을 알았을 때 충격을 받는다. (…) 피해자는 말 그대로 어쩔 줄 몰라 하며 상처받는다. 모든 것이 무너져버렸다. 상황의 갑작스러움과 충격으로 인해 상처의 심각한 영향이 장기화되는데 이는 그들이 조종을 당하고 있기 때문이다.

(…) 놀랍게도 분노를 느끼고 복수를 하는 경우는 거의 없다. 피해자가 학대자와 갈라설 것을 결심한 상황에조차 그러하다. 분노는 해방감을 주지만 피해자는 자신이 당해온 부당한 일을 인식한다 해도 이 단계에서는 반격하지 못한다.(Hirigoyen 1998, pp.191–2; E. p.158)

어린왕자는 장미의 거짓말을 깨닫고는 이런 충격 상태에 빠진다. 그리고 이리고옌의 말대로 장미에 대한 분노는 느끼지 않고 단지 망연자실할 뿐이다.

모럴 해러스먼트의 학대자는 피해자를 혼란에 빠트려 사고하는 힘을 빼앗는다. 이는 피해자가 스스로 느끼는 것을 단순한 착각이라고 여김으로써 성립한다. 이렇게 되면 학대자는 공격을 하면서도 그것이 공격이 아닌 것처럼 보이게 하여 상처 입히고 지배할 수 있게 된다.

이 상태에서 피해자는 자신의 감정이 아닌 자신을 지배하는 학대자의 감정을 고려하여 그 '헤아려진 감각'을 마치 자신의 것인 양 인식해버린다. 이렇게 하면 학대자가 피해자를 공격하는 경우에도 피해자는 학대자의 감각을 자신의 감각으로 받아들이기 때문에 '아프다', '슬프다', '화가 난다' 같은 감정에 휘둘리는 일 없이 지낼 수 있게 된다. 그 대신 죄책감을 느끼게 되는 것이다.

이런 상태가 성립된 이후 학대자의 기만이 들통나는 일이 일어나면 학대자 쪽이 아닌 피해자 쪽이 당황하게 된다. 그리고는 황급히 학대자를 대신해 변명하며 사태를 수습하려고 한다. 장미가 흐드러지게 핀 정원에서 장미가 왕자에게 한 거짓말이 드러난 그 순간 왕자는 장미를 대신하여 '불행(혹은 비참)'해진 것이다.

나아가 왕자는 5천 송이의 목격자가 있는 정원에서 장미의 거짓말이 드러나자 이렇게 독백한다.

"그녀는 자존심에 큰 상처를 입고 분노하겠지." 어린왕자는 중얼거렸다.

"만약 장미가 이 광경을 본다면… 하염없이 기침하며 비웃음을 사지 않기 위해 죽은 척 하겠지. 그렇게 되면 나는 장미를 간호하는 척 해야만 해. 그렇게 하지 않으면 나를 비난하다가 정말로 죽어버릴지도 모르니까…."

다시 봐도 참으로 우스운 장면이지만 웃을 수 없다. 장미의 '기침'은 왕자의 죄책감을 자극하는 공격 신호다. 여기서는 '하염없이 기침하며'라고 표현되었으니 왕자에겐 엄청난 일이다. 이는 알코올 중독자의 배우자에게도 흔히 나타나는 현상인데, 피해자는 '내가 없으면 이 사람은 죽을지도 몰라'라고 생각하며, 두들겨 맞거나 걷어차여도 필사적으로 상대를 돌보려고 한다. 왕자의 경우 폭행을 당하지는 않았지만 장미의 '기침'이란 기묘한 폭력을 당하고 있다.

그리고 '(죽은) 척 한다elle ferait semblant'는 것도 중요한 개념이다. 학대자는 알맹이가 없는 존재이기 때문에 모든 행동은 '~하는 척'이 된다. 이리고옌은 이렇게 말한다.

자기애에 빠진 사람은 자기 존재가 결여된 텅 빈 조개껍데기이다. '가짜'이며, 자신의 텅 비어 있음을 감추기 위해 환영을 만들어낸다. 이들은 운명적으로 존재의 환영을 만들어내는 거울 게임을 할 수밖에 없으며, 이 게임을 그만두는 순간 그 앞에는 죽음이 기다리고 있다. 만화경과 같은 게임이 되풀이되어 확대되지만 이 인격은 어디까지나 '무無' 위에 구축된 것이다.

(Hirigoyen 1998, p.154; E. p.126)

왕자의 독백에서 나오는 장미의 '헛기침, 죽은 척'은 바로 이 공허한 게임 그 자체를 가리킨다. 이 게임이 끝나면 정말로 죽어버린다는 이야기까지 이리고옌의 말과 일치한다. 왕자를 모멸하기 위해서라면 정말로 죽어버릴 수도 있다는 인식을 심어주었기 때문에 참으로 무시무시한 것이다.

이후 왕자는 기묘한 독백을 늘어놓더니 결국엔 늘 그래왔듯 혼란에 빠져 울기 시작한다.

"나는 내가 세상에 하나뿐인 꽃의 축복을 받고 있는 줄 알았는데 단지 평범한 장미에 불과했구나. 게다가 무릎 높이밖에 안 되는 화산 세 개, 심지어 그중 하나는 영원히 활동을 멈춘 휴화산일지도 모르는… 이래서는 멋진 왕자가 될 수 없을 거야…"
그는 풀밭에 엎드려 울었다.

이는 왕자의 열등감을 표현하고 있다. 앞서 말했듯이 모럴 해러스먼트의 피해자는 이러한 열등감을 강하게 느끼도록 조종당하고 있으며, 이를 해소하고자 타인에게 무언가 행동을 보여주고 인정받으려고 한다. 이리하여 왕자는 헛기침하며 죽어가는 척 하는 장미를 보게 되면 자신도 간호하는 시늉을 하려고 했던 것이다.

★★★

사막여우가 등장하는 것은 바로 이 순간이다. 제21장은 다른 장에 비해 분량이 매우 많다. 그만큼 사막여우와 왕자의 대화는 《어린왕자》 이야기에서 결정적인 의미를 가지고 있다.

대화는 이렇게 시작된다.

이때 사막여우가 나타났다.
"안녕." 여우가 말했다.
"안녕." 어린왕자가 예의바르게 대답하고는 뒤를 돌아봤지만 아무것도 보이지 않았다.
"여기야." 같은 목소리가 들렸다. "사과나무 아래."
"당신은 누구예요?" 어린왕자가 물었다. "당신은 정말 귀엽네요."
"나는 사막여우야." 여우가 말했다.
"나랑 같이 놀래요?" 왕자는 제안했다. "나는 지금 정말 슬프거든요."
"나는 너랑 놀 수 없어." 사막여우는 말했다. "나는 길들여지지 않았거든."
"아아, 미안해요." 왕자는 말했다. 그리고는 조금 생각하더니 말을 덧붙였다. "'길들이다'라는 건 무슨 뜻인가요?"

이 '길들이다apprivoiser'란 말의 해석이 이 작품을 이해하는 핵심 열쇠이다. 이 말 자체의 의미는 불어사전(Le Nouveau Petit Robert, Dictionnaires Le Robert, 2003)에 다음과 같이 나와 있다.

apprivoiser: 사람에게 익숙하지 않은 야생동물로 하여금 사람을 두려워하지 않도록, 위험하지 않도록 하다. 친숙하게 하다. 가축 또는 애완동물로 만들다. rendre moins craintif ou moins dangereux (un animal farouche, sauvage), rendre familier, domestique.

이 사전의 설명을 보고 내가 떠올린 것은 레비 스트로스의 《야생의 사고》란 책이다. 이 책의 프랑스 원제는 'La Pensée Sauvage'이다. 이 'sauvage'란 말을 인간에 대해 사용할 때는 서구 중심주의에 의한 편견의 응집이라고도 할 수 있는 '야만'이란 의미가 되지만 식물에 사용한다면 '야생'이란 의미가 된다. 이는 오히려 엄혹한 자연환경에 적응해 살 수 있는 굳셈을 나타내는 말이다.

레비 스트로스는 sauvage란 말을 후자의 의미로 사용함으로써 스스로 '문명적'이라고 확신하는 자들이 가진 사고의 취약성을 드러냈다. '야생의 사고'는 '야만적 사고'가 아니라 인간이 현대사회에서도 살아남기 위해 쓰이는 굳센 사고인 것이다.

양자의 차이를 가장 잘 나타낸 것이 브리콜라주와 엔지니어링의 비교이다. 엔지니어링은 초기 단계에서 체계를 설정하고 이를 실현하기 위해 필요한 물자와 제반 요소 간의 조합을 명확히 하여 부족한 부분은 보충하거나 새롭게 연구해 발명하는 사고 방법이다.

한편 브리콜라주는 현재 자신이 가진 것을 명확히 인식하고, 살아가기 위해 해결해야만 하는 문제와 마주할 때 수중에 있는 것을 적절히 조합하거나 문제 자체를 재설정하는 방식으로 사고하는 것이다. '수중에 있는 것'이란 인간에게 본래 주어진 신체 외에도 다양한 도구와 불용품, 여러 문화적 개념과 인간관계까지도 포함한다.

생명의 근원적 작용 원리는 브리콜라주이며, 이는 생명의 진화에도 표현되어 있다. 인간의 양팔은 컴퓨터의 키보드를 두드리기 위해 엔지니어링적으로 개발된 부위가 아니라, 원래 네 발로 걷던 인류 조상들의 두 앞다리를 다르게 활용하고 있는 것에 불과하다. 주로 이동하는 데 쓰이던 앞다리가 직립보행이란 기묘한 자세를 취하기 시작하면서 할 일이 없어져 이를 적절히 다르게 활용하다 보니 도구를 만들고 사냥을 하고 농사를 지을 수 있게 된 것이다. 그러다가 그 손으로 컴퓨터를 창조해버렸는데, 이제 손도 별달리 쓸 일이 없으니 건초염에 걸릴 위험을 무릅쓰면서 키보드를 두드리고 있는 것이다. 브리콜라주는 생명의 원리이다.

레비 스트로스의 발상으로 보면 과학적 사고와 엔지니어링은 '야생의 사고'에 대비해 '가축화된 사고La Pensée Domestique'이다. 《크라운 불화사전》에 나온 예문에서 'domestiquer l'énergie atomique'가 '원자력 에너지를 실용화하다'란 의미이므로 '가축화된 사고'는 '실용화된 사고'라고 이해해도 무방할 듯하다. 참고로 같은 단어의 다른 용례로 'domestiquer l'opposition 반대파를 복종시킨다'라고 나와 있다.

그렇다면 apprivoiser란 '야생sauvage'을 '가축domestique'으로 전환시키는 것을 의미한다. 하긴 사막에 사는 야생 사막여우와 개나 고양이처럼 노는 것은 무리이므로 우선 사막여우를 길들여야만 한다. 그러나 길들이면 야생성은 상실된다. 이는 도무지 극복할 수 없는 심각한 문제이다.

이 문제를 브리콜라주 방식으로 사고한다면 '놀이'란 말을 다시 생각해야만 한다. 다시 말해 문제를 재정의하는 것이다. 야생동물과 사귀기 위해서는 개와 놀던 감각을 버리고 그 동물과 함께 지낼 수 있는 환경을 만든 다음 그곳에 야생동물이 와주기를 기다리는 '놀이'를 하면 되는 것이다.

그런 고차원의 '놀이'를 추구한다면 우리들의 생활환경 안에 있는 시냇물을 콘크리트로 가두는 짓을 그만두고 자연의 흐름을 그대로 존중하는 것이 좋다. 또한 이에 어울리게 우리의 생활 방식을 재고찰하면 된다. 그렇게 함으로써 지금보다 더 즐거워지는 것, 이것이 '길들이는 일' 없이 야생동물과 '노는' 방법이다.

하지만 왕자와 사막여우의 대화는 이런 방향으로 가지 않는다. 레비 스트로스의 책이 출판된 것이 1962년이므로 1943년에 출판된 《어린왕자》에서 대화가 그 방향으로 흐르지 않았던 것은 어쩔 수 없는 일이었을지도 모른다.

왕자는 여우에게 '길들인다'는 것이 어떤 것인지 집요하게 묻지만 여우는 좀처럼 답하지 않고 이야기를 돌리다가 왕자가 세 번째 물었을 때에야 이렇게 말한다.

"'길들인다'는 건 무슨 의미지?"

"그건 많은 사람들이 간과하고 지나가는 건데, '관계를 맺는다'는 것을 의미해…."

"'관계를 맺는다'고?"

"그래 맞아." 여우는 말했다.

"내게 넌 아직 수천 수백 명의 아이 중 한 명에 불과하지. 그리고 나는 널 필요로 하지도 않아. 너도 날 필요로 하지 않지. 네게 난 아직 수천 수백 마리 여우 중 하나일 뿐이니까. 하지만 만약 네가 나를 길들인다면 우리는 서로를 필요로 하는 존재가 될 거야. 너는 내게 이 세상에서 단 하나뿐인 아이가 되는 거지. 나는 네게 이 세상에서 유일한 여우가 되고…."

"이제 조금 알 것 같아." 왕자는 말했다.

"꽃 한 송이가 있었는데… 내 생각에 그 꽃은 나를 길들이고 있었어…."

"아마 그랬겠지." 여우는 말했다. "이 지구에서는 어떤 종류의 일이라도 일어나지."

"아아, 이건 지구에서 일어난 이야기가 아니야." 왕자는 말했다.

여우는 대단히 흥미를 보였다. "다른 별에서 있었던 이야기?"

"응." 왕자는 말했다.

이 대화는 중요하고도 결정적인 장면이다.

'길들이다appriviser'라는 동사는 명확하게 방향성을 가지고 있다. '길들이는 자/길들여지는 자' 관계는 본질적으로 비대칭이다. 왕자는 여우에게 이렇게 증언하고 있다.

꽃 한 송이가 있었는데… 내 생각에 그 꽃은 나를 길들이고 있었어…. Il y a une fleur… je crois qu'elle m'a apprivoisé….

이 경우 길들인 쪽은 장미이며, 길들여진 쪽은 왕자이다. 양자의 관계는 명백히 비대칭적이다.

그런데 여우는 '길들인다'는 것은 '관계를 맺는다créer des liens'는 것이라 설명했다. 이 설명대로라면 '관계를 맺는 자/관계가 맺어지는 자'란 비대칭성은 발생하지 않는다. 관계를 맺는다는 것은 '나'와 '너'이며, 맺어지는 것은 '관계'이기 때문이다.

'길들인다=관계를 맺는다'는 생각은 본래 비대칭적인 것을 대칭적으로 보여주는 기만성을 내포하고 있다. 이런 비대칭성의 은폐는 모럴 해러스먼트의 관점에서 보면 대단히 위험한 것이다. 왜냐하면 '학대자/피해자'라는 비대칭성을 은폐하고 '우리가 서로'라는 것처럼 보이는 것이 학대자가 가진 음모의 핵심이기 때문이다. 이리고엔은 말한다.

타인을 조종하기 위해서는 이쪽에서 눈에 보이지 않는 교묘한 수법으로 자유를 빼앗고 조종하면서, 당하는 쪽은 자신이 자유로운 존재라고 확신하도록 만들어야 한다. 초기 단계에 그렇게 함으로써 상대가 생각을 제대로 못하게 방해하고 거기서 일어나는 사건의 과정을 인식하지 못하게 만든다. 평등한 사람끼리 토론이나 대화를 하는 것이 아니라 일방적인 압력을 가해 반론과 저항을 봉쇄하는 것이다. 피해자의 자기방어 능력과 비판적 정신을 무장해제시켜 결국 반항을 할 수 없게 만든다. 이는 한 개인이 타인에게 들키지 않고 아주 악랄한 영향을 행사하고 있는 상황이다.(Hirigoyen 1998, pp.112–13; E. p.90)

다시 말해 모럴 해러스먼트 과정에서 학대자는 피해자의 자유를 빼앗는 동시에 피해자가 스스로를 자유로운 존재로 확신하게 만든다. 실제로는 압도적인 상하 관계를 형성하면서도 양자가 평등하거나 대등한 관계로 여기게 만드는 것이다.

인간이 만들어내는 관계에는 일방향의 불평등한 관계와 쌍방향의 평등한 관계가 있다. 이 둘을 구별하는 것은 인간이 살아가는 데 대단히 중요한 요소 중 하나인데, 여우가 제시한 '길들이다=관계를 맺다'라는 공식에 따르면 이 구별이 무시된다. 이런 혼동이야말로 모럴 해러스먼트를 성립시키는 기반이 된다.

나아가 '길들이다apprivoiser'라는 말만큼 모럴 해러스먼트를 통한 지배-피지배 관계의 성립 과정을 잘 표현한 것도 없다. 이 말은 라틴어 'private'란 동사에서 유래하는데, 여기에는 '빼앗다'란 나쁜 의미와 '~로부터 자유로워지다'란 좋은 의미가 있다. 학대자는 피해자의 자유를 빼앗으면서도 그 무엇에도 구속되지 않은 자유로운 존재라고 확신시키는 존재이므로 바로 '길들이다'는 모럴 해러스먼트의 상황에 딱 맞는 것이라 볼 수 있다. 또한 이 말은 생텍쥐페리 사상의 핵심이 되는 말이므로 다음 장에서 따로 심도 있게 논의하고자 한다.

★★★

여우는 온갖 이야기를 늘어놓더니, 어린왕자를 말 없이 물끄러미 바라보며 이렇게 말한다.

"나를 길들여줘!"

"그렇게 하고는 싶은데….'' 어린왕자가 대답했다. "하지만 시간이 별로 없어. 친구를 찾으러 가야 하고 또 더 많은 걸 알아야 해서."

"길들이지 않고 무언가를 알 방법은 없어." 여우는 말했다. "하지만 사람들은 무엇이든 그것을 알아갈 수 있는 시간을 더 이상 갖고 있지 않아. 그들은 다 만들어진 것을 상점에서 사지. 하지만 친구를 살 수 있는 상점은 없으니까 사람에게 더 이상 친구는 없어. 만약 네가 친구를 원한다면 나를 길들이면 되는 거야!"

이리하여 장미에게 길들여진(길들여졌다고 올바르게 자기인식을 하고 있던) 왕자는 이번엔 여우의 부탁으로 여우를 길들이는 기이한 경험을 하게 된다.

그리고는 드디어 왕자의 운명을 결정짓는, 여우와 이별하는 장면이 등장한다.

그리하여 어린왕자는 여우를 길들였다. 그리고는 이제 떠날 때가 되었다.

"아아!" 여우는 말했다. "나는 울고 말 거야."

"다 네가 잘못한 거야." 어린왕자는 말했다. "나는 너의 불행을 바라지 않았는데 네가 내게 길들여 달라고 부탁한 거니까."

"물론 그렇지." 여우가 말했다.

"그래도 너는 울고 말겠지!" 어린왕자는 말했다.

"물론 울고 말겠지." 여우는 말했다.

"그렇다면 넌 결국 아무것도 얻은 게 없네."

"얻은 건 있지." 여우가 말했다. "밀의 색깔 덕분이지."

그리고는 이렇게 말했다.

"장미를 한 번 더 보고 와봐. 네 장미가 세상에서 유일했다는 것을 알 수 있을 거야. 그리고 작별 인사를 하러 다시 돌아와. 비밀 선물을 줄게."

이 말을 들은 왕자는 장미가 흐드러지게 핀 정원으로 다시 간다. 그리고 5천 송이의 장미들에게 하지 않아도 될 심술궂은 말을 던진다.

"너희들은 내 장미와 전혀 닮지 않았어. 너희들은 아직 아무것도 아니야." 왕자는 장미들에게 말했다. "아무도 너희들을 길들이지 않았고 너희들 역시 아무도 길들인 적이 없어. 나의 여우가 그랬던 것과 마찬가지이지. 전에는 다른 수천 수백 마리의 여우와 전혀 다를 게 없었지. 하지만 나는 그 여우를 친구로 만들었어. 지금은 세상에서 오직 하나뿐인 여우가 되었지."

장미들은 당혹스런 표정을 지었다.

"너희들은 예쁘지만 공허해." 왕자는 말을 이었다. "그 누구도 너희들을 위해 죽거나 하지 않겠지. 물론 다른 행인에게는 나의 장미가 너희들과 완전히 똑같이 보이겠지. 하지만 나의 장미는 한 송이뿐이므로, 너희들 전부를 합친 것보다도 소중해. 왜냐하면 내가 물을 준 꽃이니까. 왜냐하면 내가 유리 덮개를 덮어준 장미니까. 왜냐하면 바람막이로 바람을 막아준 장미니까. 왜냐하면 내가 벌레를 잡아준 장미니까(두세 마리는 나비가 되도록 남겨뒀지만). 왜냐하면 불만을 말했을 때 내가 들어준 꽃이니까. 우쭐댈 때나 아무 말도 하지 않았을 때도 말이야. 왜냐하면 그 꽃은 나의 장미니까."

이런 말을 하는 것은 정원에 흐드러지게 핀 장미들 입장에선 느닷없는 민폐 행위이다. 어째서 아무 잘못도 없이 이런 비난을 들어야 하는지 당연히 이해하지 못했을 것이다.

모럴 해러스먼트의 피해자는 종종 엉뚱한 곳에서 이런 식의 민폐 행동을 한다. 그도 그럴 것이 학대자에게 존재를 위협받으면서도 살아남는 것은 상당한 스트레스이므로, 이를 다른 어딘가에서 해소하고 싶어지기 때문이다. 또한 피해자는 학대자의 생각을 기준으로 행동하는데, 이 행동은 제3자에 대해서도 영향을 미치게 된다. 지금 왕자는 그의 장미가 크게 충격을 받고 죽어버릴 것만 같은 상황에 맞닥뜨리자 그 장미를 대신하여 5천 송이의 장미들에게 염치없는 복수를 하고 있는 것이다. 왕자는 만약 그 장미가 여기 있다면 이렇게 말해야 기뻐했을 거라고 생각한 내용을 말한 것이다.

여기서 내뱉어진 왕자의 '진심'은 분석할 만한 가치가 있다. 우선 "아무도 너희들을 길들이지 않았고 너희들 역시 아무도 길들인 적이 없어"란 말에 주목할 필요가 있다. 이는 앞서 말한 '길들이다=일방향적, 관계를 맺다=쌍방향적' 문제와 관계 있기 때문이다.

여기서 말하고자 하는 것은 "아무도 너희들을 길들이지 않았고 너희들 역시 아무도 길들인 적이 없어. 그러므로 너희들에겐 친구가 없어"인데, 이는 바꿔 말하면 "만약 너희들에게 친구가 있다면 누군가가 너희를 길들였거나 너희들이 누군가를 길들였거나, 적어도 이 둘 중에 한 가지 일이 일어났어야만 해"라는 말이다.

다시 말해 왕자는 누군가에게 길들여지거나 혹은 누군가를 길들이면 그것이 친구가 될 수 있는 충분조건이라고 주장한 것이다. 게다가 '길들이다', '길들여지다' 이외의 형태로 친구 관계를 만드는 다른 가능성은 모두 배제하고 있다. 이 부분에 대해서도 다음 장에서 자세하게 논하고자 한다.

왕자의 발언 후반부에는 '왜냐하면puisque'이라는 이유를 말하는 접속사가 여섯 차례 반복해서 사용되고 있는데, 여기에 대해 가토 하루히사는 주문을 외우듯 자기 자신에게 말을 걸

며 기도하고 있는 느낌이라고 주석을 달아놓았다.(P. 199)

"자기 자신에게 말을 걸며 기도한다"는 것은 도대체 어떤 상황인 걸까. 기도는 보통 하나님이나 부처님, 혹은 하늘을 향해 말을 걸며 비는 것이므로, 자신에게 기도하는 상황은 기묘하다. 한편 사악한 것들의 공격으로부터 자신을 지키는 주문을 자신에게 거는 것은 충분히 있을 수 있는 일인데, 주술이 이 책의 주제는 아니므로 여기서는 '자신을 타이르는 것'이라고 해석하는 것이 타당하다고 본다.

장미가 왕자에게 세상에서 유일한 존재인 이유는 모두 왕자가 장미를 위해 수고한 경험들 때문이다.

물을 주었다.
유리 덮개를 덮어주었다.
바람막이로 바람을 막아주었다.
벌레를 잡아주었다.
불만을 말하면 들어주었다.
우쭐댈 때나 아무 말도 하지 않을 때도.

마지막에 불만을 말하거나 우쭐대며 허풍을 떠는 경우뿐만 아니라, 자주 있는 일은 아니어도 아무 말도 하지 않을 때조차 잠자코 귀를 기울여 들어주었다는 이야기는 눈물 없이는 들을 수 없을 정도이다.

장미의 말이 끼친 영향력은 생각보다 컸다. 제19장에서 지구의 산 정상에서 "안녕하세요", "누구세요", "저는 외톨이예요"라고 소리치자 이런 메아리가 돌아온다.

"안녕하세요…안녕하세요…안녕하세요…."
"누구세요…누구세요…누구세요…."
"저는 외톨이예요…저는 외톨이예요…저는 외톨이예요…."

이를 듣고 왕자는 "내가 살던 곳에는 장미꽃이 한 송이 있었는데, 그 꽃은 항상 먼저 말을 하곤 했어"라며 회상한다. 늘 장미가 재잘거리면 맞장구를 치는 것이 왕자의 역할이었다는 말이다.

그런데 이 긴 독백은 "왜냐면 그 꽃은 나의 장미니까" 하고 끝난다. 하지만 이는 참 이상하다. 왜냐하면 왕자가 "그 꽃이 나를 길들였다"고 여우에게 증언했으므로 정확히 말한다면 반대로 "나는 장미의 것이니까"라고 해야 한다. 장미의 지배를 받고 있는 것은 나이기 때문이다.

추측컨대 흐드러지게 핀 5천 송이의 장미들에게 대놓고 듣기 싫은 소리를 하는 등 상당한 긴장을 경험하면서 왕자는 더욱 혼란에 빠진 것이 아닐까 싶다. 여우가 이런 벌칙 같은 경험을 왕자에게 권한 것은 예사롭게 볼 수 없는 부분이다.

★ ★ ★

게임 벌칙을 수행해 더욱 깊은 혼란에 빠진 왕자는 비틀대며 여우가 있는 곳으로 돌아온다.

"안녕, 잘 가." 왕자가 말했다.

"그래, 잘 가." 여우는 말했다. "자, 이제 내 비밀 선물이 뭔지 알려줄게. 정말로 단순한 거야." 이어서 여우가 말했다. "세상 만물은 마음으로 볼 때만 잘 보이는 법이야. 본질적인 것은 무엇이든 눈에는 보이지 않지."

"본질적인 것은 무엇이든 눈에는 보이지 않는다." 왕자는 잊어버리지 않도록 되뇌었다.

"너의 장미를 위해 네가 허비한 시간만큼 너의 장미는 소중했던 거야."

"나의 장미를 위해 내가 허비한 시간만큼…." 왕자는 잊어버리지 않도록 되뇌었다.

"사람들은 진리를 잊어버렸어." 여우는 말했다. "하지만 너는 잊으면 안 돼. 네가 길들인 것에 너는 영원히 책임을 져야만 해. 넌 너의 장미를 책임져야만 해."

"나는 나의 장미를 책임져야 한다…." 왕자는 잊어버리지 않도록 되뇌었다.

이 장면에는 무시무시한 함정이 곳곳에 도사리고 있다. 우선 《어린왕자》의 애독자라면 누구나 명대사로 꼽는 이 구절이다.

"세상 만물은 마음으로 볼 때만 잘 보이는 법이야. 본질적인 것은 무엇이든 눈에는 보이지 않지."
On ne voit bien qu'avec le cœur. L'essentiel est invisible pour les yeux.

이 말에 많은 독자들이 감동한다. 예를 들어 미즈모토 히로부미는 이렇게 썼다.

파리 7구, 지하철 8호선 라 투어 모보그역에서 지상으로 나오면 작은 공원이 하나 있는데 여기에 생텍쥐페리의 흉상이 있다. 이 흉상의 대좌에 새겨진 구절이 바로 여우의 말, "마음으로 보지 않으면 잘 보이지 않는 법이야"다.(水本弘文 2002, P. 126)

흉상의 대좌에 새길 정도이니 프랑스인들도 역시 이 말을 좋아했던 것 같다. 다른 나라 사람들도 마찬가지인데, 2002년에 출간된《생텍쥐페리 명언집》* 서문에 의하면 지난 60년 동안 이 말을 비롯해 생텍쥐페리의 잠언이 130개 이상의 언어로 번역 인용되었다.

그러니 이 말은 세계 어디에서나 사랑받고 있다 해도 과언이 아니다. 하지만 지금까지 논해온 해러스먼트의 관점에서 보면 이 말은 진리는커녕 아무것도 아닌 말이다. 적어도 이 문맥에서 보면 오히려 위험한 말이다. 이 문장은 '눈에 보이는 것이 있다면 그것은 본질이 아니다'라는 의미를 내포하고 있는데, 이는 명백히 틀린 명제이다. 세상에는 눈에 보이는 본질적인 것들도 아주 많다.

예를 들면, 폭력 행사는 확실히 눈에 보이는 장면이며, 눈앞에서 펼쳐지는 파괴 장면이야말로 폭력의 본질이다. 예를 들어 어떤 여성이 배우자에게 심한 폭력을 당했다고 치자. 그 남편은 그녀에게 모멸감을 주는 불쾌한 말과 행동을 일삼고 조금이라도 자기 마음에 들지 않는 말이나 행동을 하면 심하게 비난하거나 비웃는다. 그리고 그녀가 이런 상황에서 빠져나오려는 움직임을 조금이라도 보이면 격노하며 또 폭력을 휘두른다. 그 여성이 눈가에 멍이 든 채 두려워 울면서 경찰에 신고

---

* 《A Guide for Grown-ups: Essential Wisdom from the Collected Works of Antoine de Saint-Exupéry》(Anna Marlis Burgard ed., Horcourt, Inc, 2002)

했을 때 만약 경찰이 "눈에 보이는 것은 본질이 아닙니다"라고 설교했다면 이는 무엇을 의미하는 것일까? 당신이 당한 눈에 보이는 폭력이 본질이 아니라 그 폭력의 이면에 숨어 있는 본질, 즉 '숨어 있는 진짜 사랑'을 '마음'을 다해 받아들이라는 최악의 설교일 것이다.

이런 대응은 그 자체가 대단히 악질적인 해러스먼트에 해당한다. 그녀는 충격을 받고 '역시 다 내 잘못이었어' 하고 죄책감을 느끼며 남편에게 돌아가 결국 더 심한 폭력을 당하게 될 것이다. 왕자에 대한 여우의 말은 이와 같은 효과를 내고 있다.

그리고 여우가 이렇게 말한다.

"네 장미를 위해 허비한 시간만큼 네 장미는 소중한 거야."

C'est le temps que tu as perdu pour ta rose qui fait ta rose si importante.

이 말도 위험하다. 우선 확인해둘 것은 'perdre du temps'라는 숙어에 대한 가토 하루히사(2006)의 주석이다.

perdre du temps: '시간을 잃다, 허비하다'라는 의미. 만약 시간을 '들인다' 또는 '쓴다'로 표현하고자 한다면 passer, employer, consacrer 같은 동사가 있다. 작가가 이 동사가 아닌 perdre를 일부러 쓰고 있는 것은 말 그대로 '시간을 잃다, 허비하다'라고 말하고 있는 것이다. 장미가 소중한 존재가 된 것은 왕자가 장미를 위해 (어떤 목적의식이나 손익을 생각하지 않고 마냥 상대를 위해) 시간을 '잃고' '허비했기' 때문이라는 것이다.(가토 P. 201)

생텍쥐페리는 분명하게 "장미를 위해 왕자가 시간을 허비하면 할수록 장미는 왕자에게 더 소중한 존재가 된다"고 여우를 통해 말한 것이다.

이 명제에 대해서도 앞서 남편에게 폭행을 당하는 여성의 경우를 생각하면 알기 쉽다. 두려워 울면서 경찰에 신고한 여성에게 "당신이 남편을 위해 시간을 허비하면 할수록 남편은 당신에게 보다 소중한 존재가 되는 것입니다"라고 말하는 장면을 상상해보라. 결국 이 말은 "당신이 남편에게 맞으면 맞을수록 남편은 당신에게 더 소중한 존재가 되는 것입니다"라고 말하는 것과 다름없다. 이런 말도 안 되는 엉터리 조언이 세상에 또 어디 있겠는가.

그리고 결국 여우는 마지막 말로 왕자에게 최후의 일격을 가한다.

"네가 길들인 것에 너는 영원히 책임을 져야만 해. 넌 너의 장미에게 책임이 있어…."

첫 번째 문장은 다소 가혹한 표현이기도 하지만, 이를테면 개나 고양이를 키우다가 길거리에 내버리는 것은 무책임한 일이므로 꼭 틀린 말도 아니다. 하지만 왕자는 여우에게 "꽃 한 송이가 있는데… 내 생각에 그가 나를 길들였어…"라고 정확히 말한 바 있다. 그러므로 책임을 져야 하는 것은 왕자가 아니라 왕자를 길들인 장미 쪽이 맞다. 하지만 여우는 이를 뒤집어서 "넌 너의 장미에게 책임이 있어"라고 말했다.

여기서 여우는 '길들인다'라는 방향성 있는 개념을 '관계를 맺는다'라는 방향성 없는 개념으로 바꿔치기하여 의미를 조작했다. 그리고 마지막 단계에서 왕자를 장미 정원에 가게 해서 자기 별의 장미에게 자책감을 느끼게 하여 끝내 '왕자가 장미를 길들였다'는 역방향 관계를 만들어내더니, '왕자는 장미를 영원히 책임져야만 한다'는 무시무시한 선고를 내린 것이다.

앞서 예로 든 여성의 경우에 빗대어 생각하면 이것이 얼마나 무시무시한 이야기인지 알 수 있다. 폭력을 가하고 정신을 지배하여 그녀를 고통으로 몰아넣은 것은 남편 쪽이다. 그런데 오히려 아내에게 "사실은 당신이 남편으로 하여금 폭력을 행사하게 하고 있는 것입니다. 폭력을 유발한 당신은 남편을 영원히 책임져야만 합니다." 이렇게 말한다면 어떨까. 그녀의 죄책감과 자책감은 최고조에 달해 죽을 때까지 영영 남편을 떠날 수 없게 될 것이다.

그렇다면 여우의 정체는 도대체 무엇일까.

몇 가지 해석이 가능하다. 우선 여우가 악질적인 '상담가' 혹은 '전문가'라는 해석이다. 가정폭력, 성폭력, 직장폭력 같은 피해에 노출된 사람들이 자신이 가혹한 환경에 놓여 있음을 어렵게 깨닫고는 용기를 내어 경찰이나 의사, 변호사, 상담사에게 상담을 요청하지만 여기서 한층 심화된 해러스먼트를 경험하는 일은 실제로 자주 있는 일이다.

이는 '2차 학대second harassment'라고 불리는 현상이다. 최근에는 대학과 기업의 해러스먼트 피해 상담 창구에 '담당자가 해서는 안 되는 말'이란 매뉴얼이 있는데, 고베가쿠인대학神戸学院大学 홈페이지에는 이런 내용이 열거되어 있다.

❖ **해러스먼트 2차 피해를 유발할 수 있는 말과 행동**

직접적인 해러스먼트의 피해에 대한 주변 사람들의 태도에 따라 피해자가 이중으로 마음의 상처를 입는 것을 해러스먼트의 2차 피해라고 부른다.

2차 피해로 인해 피해자는 더 깊은 마음의 상처를 입는다. 또한, 피해자는 자신을 더욱 질타하여 상담이나 이의제기를 신청하기 어려워져 문제해결 및 방지가 더 어려워진다. 게다가 학대자의 태도를 인정하는 결과를 낳아 해러스먼트 자체를 허용하는 분위기를 조성하기도 한다.

따라서 해러스먼트 피해자를 상담하는 경우에 2차 피해를 유발할 수 있는 말과 행동을 해서는 안 된다. 만약 2차 피해를 줄 수 있는 말과 행동을 저지른 상담원이 있다면 엄중한 조치가 취해질 것이다.

❖ **2차 피해를 유발할 수 있는 말과 행동의 예**

(1) 피해의 원인이 피해자의 잘못에 있다고 지적하거나 피해자의 성격을 근거로 질타하는 것:

"당신에게도 잘못이 있다", "당신이 유도한 일이 아닌가" 또는 "당신이 너무 예민한 것이다", "당신이 너무 진지한 것이다" 같은 말을 하는 것

(2) 피해의 무게를 피해자 이외의 사람이 판단하여 축소하는 것:

"그런 건 당연한 것이다", "그 정도는 별거 아니다" 또는 "당신보다 더 괴로운 처지의 사람도 있다", "이제 그만 잊어버리는 게 어떤가" 같은 말을 하는 것

(3) 학대자를 일방적으로 옹호하는 것:

"그 사람이 정말 그렇게 했을 거라고는 믿기 어렵다", "남자란 원래 다 그렇다", "그 사람이 열정적이라서 그렇다" 같은 말을 하는 것

(4) 피해자에 대한 소문을 퍼트리거나 비방, 중상을 하는 것:

"개인적 연애감정으로 인한 갈등인 듯하다" 같은 억측에 근거한 소문을 퍼트려 피해자를 고립시키거나 학대자로 지목된 자가

"피해자는 거짓말쟁이다", "나를 모함하려 한다" 같은 말을 하는 것

(5) 상담 자체 및 문제시하는 태도를 비난하는 것:

"다들 참고 견디고 있으니 당신도 그렇게 해", "왜 이제야 그런 말을 하지" 같은 말을 하는 것

(6) 상담 자체나 문제시하는 태도에 대해 피해자를 협박, 위협하거나 보복하는 것:

학대자로 지목된 자가 피해자에게 "성폭행을 당했다고 다른 사람에게 말하는 날엔 너의 미래는 없는 줄 알아"라고 말하거나 상담 자체 또는 문제시하는 태도를 이유로 취학, 취직상의 불이익을 주는 것

이 '2차 학대' 문제는 대단히 심각한 문제이지만 체계적으로 연구된 바가 없다. 구체적으로 어떤 피해가 일어나는지에 대해서는 사생활 침해 문제도 얽혀 있어 공표되는 사례도 많지 않다. 또한 이런 현상이 어째서 발생하는지에 대한 구조적 연구도 거의 없으며, 문제의 본질에 대해서도 명확히 밝혀진 바가 없다.

이뿐만 아니라 고통스러워하는 피해자에게 접근하여 상습적으로 갈취하는 악질적인 '전문가'들도 적지 않다. 앨리스 밀러Alice Miller(1923-2010)의《유년 시절의 문 열기-일곱 가지 이

야기Wege des Lebens-Sieben Geschichten》5장에는 복잡하고 심각한 상처를 입은 여성이 카운슬링을 받으러 가서 상담소 소장에게 경제적으로뿐만 아니라 성적으로도 갈취당하는 이야기가 등장한다.

이런 일들은 실제로 예외적인 사례가 아니다. 그러므로 여우가 악질적인 상담가 혹은 전문가라는 주장에는 어느 정도 설득력이 있다. 하지만 이 설명에는 커다란 결함도 있다. 왜냐하면 여우가 왕자를 갈취하고 있는 것은 아니기 때문이다. 여우가 한 일은 왕자에게 자신을 길들이게 하여 잠깐 같이 놀았을 뿐이다. 다시 말해 여우는 어디까지나 선의를 가지고 행동한 것이다.

그렇다면 두 번째로 가능한 해석은 여우가 '학대자에게 가담하는 주변인'인 경우이다. 이런 사람들에 대해 이리고옌은 이렇게 말했다.

죄책감은 흔히 가족으로 인해 더 강화된다. 왜냐하면 그들 또한 혼란에 빠져 있으며, 쓸데없이 참견하지 않으면서 피해자를 지원하는 경우는 거의 없기 때문이다. 그들은 오히려 야만적인 설교나 강의를 늘어놓기도 한다. "그렇게 하지 말고 이렇게 해보는 게 어때? (⋯) 만약 그렇다면 그건 네가 잘못했기 때문이야."
(Hirigoyen 1998, pp.186-7; E. p.154)

또 다른 대목에서는 이렇게 말하고 있다.

이처럼 (피해자 입장에서) 지원을 받는 것이 중요하다. 때로는
단 한 사람의 신뢰만으로도 어떠한 맥락에서든지 피해자가 자
신감을 회복하는 경우가 있다. 그러나 친구, 가족 혹은 중재자가
되려는 모든 자들의 조언에는 주의해야 한다. 왜냐하면 직접적
인 관계자는 중립적 입장을 취할 수 없기 때문이다. 그들 스스로
방향을 잃고 어느 한쪽에 치우치기 마련이다.
가족들의 사악한 공격이 일어나면 의지할 수 있는 친구가 누구
인지를 금방 알아낼 수 있다. 어떤 사람은 처음엔 친밀한 인상을
주다가도 간단히 조종을 당하더니 이쪽을 믿으려 하지 않고 오
히려 설교를 늘어놓기 시작한다. 또 어떤 사람은 상황을 이해하
지 않고 도망치려는 태도를 취한다. 유일하게 변함없이 의지할
수 있는 사람은 자기만족도가 높고 바로 그 자리에 존재하고 열
려 있으며, 평가나 판단을 하지 않는 사람이다. 그런 사람은 무
슨 일이 있어도 있는 그대로의 모습으로 계속 존재할 수 있다.
(Hirigoyen 1998, p.206; E. p.170)

모럴 해러스먼트의 피해자가 누군가에게 도움을 청하며 자
신의 상황을 호소하면, 편하게 대하던 사람들이 두 부류로 쪼
개지고 주위 사람들의 관계에 균열이 생기기 시작한다.

한쪽은 박쥐 같은 기회주의자들인데, 그들은 상황의 복잡함을 알면 휘말리기가 싫어 발을 빼거나, 잘못한 건 피해자 쪽이라고 말하며 사건 자체를 덮어버리려고 한다. 섬뜩하게도 피해자의 가족이나 친척, 친구 같은 직접적인 관계자들이 적지 않게 여기에 속한다.

다른 한쪽은 이리고옌이 묘사한 자기만족도가 높은 '군자'인데, 그렇게 깊게 사귄 것도 아니고 때로는 스쳐 지나가는 관계인데도 든든하게 지지해주는 경우가 있다. 이런 도움 없이 해러스먼트 피해자가 자신이 처한 상황에서 스스로 벗어나는 것은 어려운 일이다. 피해자는 이런 사람에게 의지할 용기를 내지 못하고, 학대자의 지배에서 벗어나는 것에 대한 죄책감을 극복하지 못하는 경우도 많다. 자신이 학대당하고 있음을 인식하고 용기를 내더라도 많은 경우 주위 사람들의 비난에 직면하고 상처받게 된다.

이런 경우에는 학대자가 피해자뿐만 아니라 주위 사람들에게도 악영향을 미치고 있을 때가 많다. 그러므로 다른 사람들도 경미하지만 피해를 당하고 있으며, 피해자와 같은 함정에 빠지는 사태가 발생한다. 흔히 피해자가 태어나 자란 가정환경이나 사회관계에 모럴 해러스먼트 요소에 대한 관용적 문화가 형성되어 있으면 학대자의 악행이 '정도의 문제'로 치부되어 피해자 주변 사람들에게는 그 사악함이 보이지 않게 된다.

이리고옌은 이 문제를 그렇게 깊게 다루고 있지는 않지만 실제로 모럴 해러스먼트를 성립시키는 과정에서 주위 사람들의 행동은 결정적인 영향을 미친다. 주위 사람들이 암묵적으로 학대자에게 가담함으로써 피해자는 학대자의 '스파이'들에게 둘러싸이게 되고, 피난처마저 잃게 된다. 이것이 '고립'이란 조건을 성립시킨다. 모럴 해러스먼트는 성립 단계에서부터 주위 사람들의 보이지 않는 배신과 밀접하게 연관되어 있다.

이 설명에도 문제는 있다. 소혹성에서 멀리 떨어진 지구의 사막에 있는 여우가 장미의 스파이 같은 역할을 할 필요가 있는가? 아무리 장미가 교묘한 학대자라 해도 이렇게까지 멀리 영향력을 행사한다는 것은 아무리 생각해도 무리다. 그렇다면 도대체 여우의 정체는 무엇이며, 무엇을 위해 그런 행동을 한 것일까?

또 하나 가능한 해석은 여우 또한 왕자와 마찬가지로 누군가의 모럴 해러스먼트 함정에 빠져 있다는 가정이다. 학대자에게 지배되어 그 현실을 받아들인 인물은 상황이 장기화되면 다른 삶을 상상할 수 없게 된다. 그리고 그 상태를 정당화하여 "부부라는 건 원래 다 그런 거야"라든가, "인생이란 원래 다 그런 거지"라며 나름의 '인생철학'을 창조해낸다. 그리고는 이 엉터리 논리를 자신에게 세뇌시키고 나날의 고통을 견디기 위해 타인에게도 설교하려 든다는 것이다.

학대자로부터 빠져나오면서 죄책감에 시달려 곤경에 처한 피해자가 이런 인물과 만나게 되면 큰일이 벌어진다. 이런 인물은 늘 별 볼 일 없는 설교를 늘어놓기 때문에 이미 질려버린 주변 사람들은 더 이상 그의 말을 듣지 않으므로 그는 커다란 욕구 불만 상태에 놓이게 된다. 급기야는 자기 이야기를 들어줄 먹잇감을 찾아 돌아다니는데, 들어주는 사람이 있으면 천릿길도 마다 않고 찾아와서는 아주 친절하게 장황한 '인생철학'의 설교를 늘어놓기 시작한다. 그 설교는 바로 학대자로부터 벗어나려는 피해자의 급소를 찌른다. 피해자의 죄책감은 폭발적으로 증대하여 견딜 수 없는 수준으로 발전한다. 여우는 이런 오지랖 넓은 인물이 아니었을까 하고 나는 생각한다.

이처럼 2차 학대를 자행하는 사람은 세 가지 유형이 있다.

(1) 악질적인 '상담가' 혹은 '전문가'
(2) 같은 학대자의 협박을 받고 혼란에 빠진 주변 인물
(3) 비슷한 유형의 학대자에게 해러스먼트 피해를 입고 이를 받아들인 오지랖 넓은 사람

이 세 유형의 사람들은 모두 위험하다.

실제로 우리 사회에는 모럴 해러스먼트가 만연해 있으며, 이런 사악한 요소에 의해 형성된 뒤틀린 인간관계가 도처에서

발견된다. 게다가 모럴 해러스먼트는 어디에서나 비슷한 구조로 존재하며, 동일한 과정을 통해 작동하고 있다. 그러므로 어딜 가도 이런 위험인물에 의한 2차 학대를 당할 가능성이 항상 존재한다. 뿐만 아니라 이런 류의 '인생철학'을 늘어놓는 텔레비전 드라마와 위험인물들의 '인생상담' 등이 매스 미디어를 장악하고 있다. 이러한 의미에서 우리 사회는 대단히 위험한 사회이다.

이미 인용했듯이 이리고옌은 이렇게 지적하고 있다.

이 간접적 형태의 폭력에 대해서는 흔히 우리 사회는 눈을 감아 버린다. 우리는 관용이라는 이름 아래 세상에 너무 쉽게 동조해 버린다.(Hirigoyen 1998, p.7; E. p.3)

이 뒤틀린 관용의 근원은 모럴 해러스먼트가 우리 사회에 만연한 데 있다고 나는 생각한다. 이 '관용'에 의한 '간과'는 그 자체가 2차 학대의 일부이다.

사막여우의 말과 행동이 이러한 사회 현상을 반영하며 상징하는 것이라 생각하면 논리에 부합한다. 또한 여우가 늘어놓는 '설교'가 사람들 사이에서 계속 회자되는 이유도 명확해진다. 많은 독자들이 이 설교를 가슴에 품고 자신들이 처한 모럴 해러스먼트 상황을 견디고 있는 것이다.

4

길들인다는 것은

3장에서 보았듯이 '길들이다'는 《어린왕자》의
주요 키워드 중 하나이다. 그런데 이 말을 3장
에서처럼 해석한 것에 대한 커다란 반발도 예
상된다. 왜냐하면 많은 사람들이 이 말이야말로 생텍쥐페리
사상의 핵심이자《어린왕자》가 걸작일 수 있는 근원적 요소라
고 이해하고 있기 때문이다.

　나 역시 이 키워드가 생텍쥐페리 사상의 핵심이라 생각하
며, 생텍쥐페리 역시 이 말을 지금의 나처럼 이해하지는 않았
을 거라 생각한다.

　이런 나의 해석은 저자가 의도하지 않은 이상 그저 일개 교
수의 자의적 해석으로 치부될 수도 있다. 하지만 나는 그렇게
생각지 않는다. 《어린왕자》란 작품은 저자의 의도를 넘어선
그 지점에서 학대의 실상을 그려내는 이야기로 다시 태어난다
는 것이 나의 주장이다. 다르게 말하자면 이 걸작은 생텍쥐페

리의 의도를 넘어선 무의식과 영혼의 상호작용을 통해 탄생한 작품이라는 말이다.

이처럼 작가의 의도를 넘어선 수준의 어떤 '작용'이 있고 나서야 비로소 작품은 '걸작'이 될 수 있다. 이런 '작용'을 낳을 수 있는 (혹은 의도와는 달리 이런 '작용'을 낳는) 예술가야말로 '천재'라고 나는 이해하고 있다. 작가의 '의도'가 의도대로 표현된 작품은 그것을 접한 사람들에게도 그 밑바닥이 훤히 들여다보여 '졸작'이 되어버린다. 이런 '졸작'밖에 만들어내지 못하는 예술가는 '범인凡人'이다.

이 장에서는 이러한 관점에서 '길들이다'란 말을 심도 있게 고찰하고, 기존의 해석을 정리하여 그 해석이 어떻게 맞고 틀린지에 대해 나의 생각을 분명히 밝히고자 한다. 그렇게 《어린왕자》란 걸작의 본질에 다가가고자 한다.

★ ★ ★

《어린왕자》에 '별에서 온 왕자님'이란 제목을 붙인 최초의 일어판 번역자 나이토 아로오가 apprivoiser를 어떻게 이해했는지부터 살펴보자. 그는 《별에서 온 왕자와 나》(마루젠, 2006년. 초판은 문예춘추, 1968년)에서 이렇게 말했다.

'길들이다'란 말은 사막여우가 어떤 사정 속에 감춰진 비밀을 밝혀내고자 왕자에게 던진 말이다. 오직 길들이는 것만이 생활의 본질을 드러내고, 또한 생활에 방향을 부여하는 행동이다.(p. 102)

길들인다는 것은 상호의존적 유대관계를 만든다는 말이기도 하다. (…) 꽃이 왕자를 필요로 한다면 왕자 역시 꽃을 필요로 하기 때문이다. 왕자와 꽃은 그렇게 서로에게 길들여진 것이다.(pp. 102-103)

여기서 주목할 만한 부분은 '서로에게 길들여졌다'는 말이다. 이는 아무리 생각해도 '자의적 해석'이다. '서로에게 길들여졌다'는 말은 《어린왕자》 그 어디에도 나오지 않는다. 물론 여우가 '길들이다=관계를 맺다'라고 말하긴 하지만 '길들이다=서로를 길들이다'는 말은 어디에도 나오지 않는다.

이 점을 면밀히 검토하고자 한다. 《어린왕자》에서 apprivoiser가 사용되는 것은 다음 17개 장면인데, 제25장에 나오는 마지막 장면(17)을 빼고는 모두 여우와 왕자가 대화를 나누는 제21장에서 나온다.

(1) Je ne puis pas jouer avec toi, dit le renard. Je ne suis pas apprivoisé.

"난 너와 놀 수 없어." 여우는 말했다. "나는 길들여지지 않았어."

(2) Qu'est-ce que signifie 'apprivoiser'?
"'길들인다'가 무슨 뜻이야?"

(3) Je cherche les hommes, dit le petit prince. Qu'est-ce que signifie "apprivoiser"?
"나는 사람을 찾고 있어." 어린왕자는 말했다. "'길들인다'가 무슨 뜻이야?"

(4) Non, dit le petit prince. Je cherche des amis. Qu'est-ce que signifie "apprivoiser"?
"아니." 어린왕자는 말했다. "나는 친구를 찾고 있어. '길들인다'가 무슨 뜻이야?"

(5) Mais, si tu m'apprivoises, nous aurons besoin l'un de l'autre.
하지만 만약 네가 나를 길들인다면 우리는 서로를 필요로 하게 될 거야.

(6) Je commence à comprendre, dit le petit prince. Il y a une fleur⋯ je crois qu'elle m'a apprivoisé⋯.

"이제 좀 알 것 같아." 어린왕자는 말했다. "한 송이 꽃이 있었는데… 내 생각에 그 꽃은 나를 길들였어…."

(7) Mais, si tu m'apprivoises, ma vie sera comme ensoleillée.
하지만 만약 네가 나를 길들인다면 내 삶에 햇빛이 드는 것과도 같을 거야.

(8) Alors ce sera merveilleux quand tu m'auras apprivoisé!
그리고 네가 나를 길들인다면 얼마나 멋진 일이겠어!

(9) S'il te plaît… apprivoise-moi! dit-il.
"나를 길들여줘" 하고 여우는 말했다.

(10) On ne connaît que les choses que l'on apprivoise, dit le renard.
"오직 길들일 때만 (서로를) 알게 되는 거야" 하고 여우는 말했다.

(11) Si tu veux un ami, apprivoise-moi!
"만약 네가 친구를 원한다면 나를 길들이면 돼!"

(12) Ainsi le petit prince apprivoisa le renard.
이리하여 어린왕자는 여우를 길들였다.

(13) C'est ta faute, dit le petit prince, je ne te souhaitais point de mal, mais tu as voulu que je t'apprivoise….

"다 네 탓이야" 하고 왕자는 말했다. "나는 너의 불행을 바라지 않았는데 네가 나더러 길들이라고 요구한 거잖아."

(14)(15) Personne ne vous a apprivoisées et vous n'avez apprivoisé personne.

"아무도 너희들을 길들이지 않았고, 너희들 역시 그 누구도 길들이지 않았어."

(16) Tu deviens responsable pour toujours de ce que tu as apprivoisé.

네가 길들인 것을 너는 영원히 책임져야만 해.

(17) On risque de pleurer un peu si l'on s'est laissé apprivoiser….

길들여진다면 살짝 울어버릴지도 몰라.

다시 보니 어떤가. 어딘가에 '길들이다=길들여지다' 혹은 '서로를 길들이다'란 말이 있었는가? 특히 이 중에서 (5)'하지만 만약 네가 나를 길들인다면 우리는 서로를 필요로 하게 될 거야'라는 문장을 주목해야 한다. 이 문장과 나이토의 "꽃이 왕자를 필요로 한다면 왕자 역시 꽃을 필요로 하기 때문이다.

왕자와 꽃은 그렇게 서로에게 길들여진 것이다"를 비교해보면 차이가 명확해진다.

(5)의 문장은 이처럼 대단히 명확한 구조로 되어 있다.(표 1) 이는 《어린왕자》 본문 그 자체이므로 해석은 이와 모순되어서는 안 된다. 그런데 나이토의 해석은 보다 복잡하다.

표2를 보면 이는 확실히 이상한 해석이다. 우선, 설령 'A가 B를 필요로 하고 있다'고 해서 반드시 'B가 A를 필요로 하고 있다'고는 말할 수 없으므로 첫 번째 '그렇다면 →'은 성립하지 않는다. 굳이 이것이 성립한다고 가정한다면 그 식은 표3과 같은 식이 되어야 한다. 원작 속 (5)의 문장이 주장하고 있는 것은 '길들이다' → '필요로 하다'인데 나이토는 이를 자의적으로 '필요로 하다' → '길들이다'로 바꿔치고 있다. 길들이면 서로를 필요로 한다고 해서, 서로를 필요로 하면 서로가 길들이게 되는 것은 아니다. 나이토의 문장은 이중으로 오류를 범하고 있다.

그런데 (5)의 문장은 명확하게 한쪽이 다른 한쪽을 길들이면 쌍방이 서로를 필요로 하게 된다고 말하고 있다. 다시 말해 '길들인다'는 어디까지나 일방향적 행위인데 그 결과로 '관계를 맺는다'는 쌍방향의 상태가 발생한다고 주장한 것이다.

앞서 3장에서 (14), (15)의 문장에 입각하여 '길들이다' = 일방향적, '관계를 맺는다' = 쌍방향적이란 차이를 대비를 통해

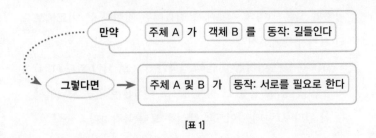

[표 1]

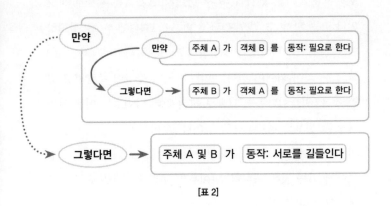

[표 2]

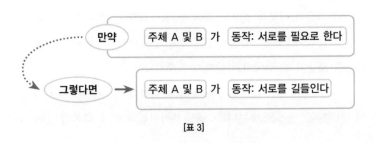

[표 3]

확인한 바 있는데 (5)로 인해 '길들이다'(일방향적) → '관계를 맺는다'(쌍방향적) 추이가 확인되고 있다.

생텍쥐페리는 어느 한쪽이 '길들인다'는 일방향적 행위를 하면 그 결과로 '관계를 맺는다'는 쌍방향적 상태가 된다고 주장한 것이다. 이를 명확하게 보여주는 문장이 있다. 생텍쥐페리가 1938년 10월 3일, 언론 매체 〈파리 수와paris soir〉에 발표한 글 중에 이런 구절이 있다.

밤이 되면, 참호마다 적대하는 자들이 서로 부르짖고 응답한다. (…) 하지만 그들은 손가락을 방아쇠에 걸친 채로 있으며, 나는 이 사막 한가운데에서 우리가 길들이고자 했던 이 작은 야수들과 재회한 것이다.

이는 스페인 내전 당시 생텍쥐페리 자신이 등장하는 한 장면을 묘사한 것이다. 깊은 밤 계곡 건너편에 있는 적군의 참호를 향해 소리를 지르거나, 총격전을 중단하고 큰 소리로 서로 대화하는 상황을 묘사하고 있다. 이 문장에서 '길들인다'는 것은 사격해오는 적에게 말을 걸어 대화 국면으로 유도하는 행위를 의미한다.

폴 웹스터Paul Webster는 《생텍쥐페리》(Félin, 1993)에서 《인간의 대지》 영어판에 수록된 이 문장에 대해 "이는 실화가 아니라 인간은 모두 마음속에 동포애를 간직하고 있다는 그의 지론을 강조하기 위한 우화였다"고 주장한다. 이 문장에 대해 가토 히로유키는 논문《생텍쥐페리의 '인생에 의미를'의 내용과 해설(Ⅱ)》에서 이렇게 설명했다.

'밤이 되면, 각 참호마다 적대하는 자들이 서로 부르짖고 응답한다.' 정찰대가 편성되어 야전을 횡단해 진군한다. 대립하는 두 진영을 나누는 좁은 협곡의 골짜기까지 정찰하는 것이 임무였다. 생텍쥐페리도 동행했다. 양측 군대의 포화에 노출되어 전방 마을에 살던 농민들은 모두 피난해 있었다. 동행하던 정치위원이 말했다. "최전방에 가면 협곡의 반대 사면에 있는 적에게 물어보자…. 가끔은 적들이 말을 걸어오기도 하지…."

완전한 침묵. 총성 하나 들리지 않는다. 겨우겨우 도착했다. 거기 있던 보초가 말했다. "여기입니다. 가끔 그들은 대답해주기도 합니다…. 가끔은 저들이 먼저 말을 걸어오는 경우도 있습니다. … 대답해주지 않는 경우도 있습니다." 생텍쥐페리가 담배에 불을 붙이자마자 대여섯 발의 총알이 날아왔다. 병사들은 몸을 일으켜 손으로 확성기 모양을 만들고는 힘주어 소리쳤다. "안…토… 니…오!" 고함은 협곡 사이에서 메아리쳤다. "잠들었는가…."

"잠들었는가…" 하고 반대편에서 메아리가 반복된다. "잠들었는가…" 하고 협곡이 되풀이한다. "잠들었는가…" 하고 밤 전체가 되풀이한다. 메아리 소리가 밤하늘을 채운다. 그리고 우리들은 근거 없는 신뢰감과 함께 서 있다. 그들은 발포하지 않았다! 저쪽에서 그들이 우리의 목소리에 귀 기울여 들어주고 있다고 나는 생각한다.

이번엔 다른 남자가 소리쳤다. "나는 레옹이다…. 안토니오!" 5초가 흘렀다. "어~이!" 빠른 느낌의 소리 파동이 이쪽에 도달했다. 저기 저쪽의 거리감 있는 어둠 속에서 갑자기 빛이 일어났다. 생텍쥐페리에게는 마치 눈에 보이지 않는 허공의 틈이 열린 것처럼 보였다. 메아리가 되돌아온다. "…시간 …잠들 시간." "그만 입 다물어…. 자라…. 잘 시간이다." 이 이야기에 모두 흥분해 있었다.

지금 우리는 어둠 속에서 얼굴도 이름도 알지 못하는 자들을 향해 사다리를 던졌다. 그 사다리가 협곡의 양 끝을 연결했다. 지금 우리는 적들에게 죽임을 당하기 전에 적과 연결된 것이다.

병사가 소리쳤다. "안토니오! 너는 어떤 이상을 위해 싸우는 거야?" 고백이 전해졌다. "…스페인!" 이번엔 저쪽에서 질문이 온다. "…그럼 너는?" 위대한 대답이 튀어 나온다. "…우리 형제들의 빵이다!" "…잘 자게, 친구여!" 대지의 반대편에서 대답이 도착했다. "…잘 자게, 친구여!"

모든 것은 정적 상태로 되돌아갔다. 서로가 주고받은 말은 달랐지만 양측의 병사는 같은 진실을 호소하고 있었다. 그러나 이런 숭고한 합일도 함께 죽어갈 미래를 막지는 못한다.

이 문맥에서 사용되고 있는 '길들이다apprivoiser'란 말에는 전장에서 적대시하는 병사들 사이에서조차 한쪽이 마음을 열고 말을 걸면 양측의 마음이 이어지는 것이 결코 불가능하지 않다는 생텍쥐페리의 신념이 응축, 표현되어 있다. 이 '길들이다'는 바로 용기 있는 영웅적 행위를 의미한다. 여기서는 말 그대로 일방향적인 '길들이다'가 쌍방향적인 '관계를 맺는다'로 바뀌는 현상이 발생하고 있다.

문제는 이 감동적인 장면에서 병사의 용기 있는 행동과, 어린왕자가 장미에게 이런저런 말을 듣고는 고개를 갸우뚱하면서도 물을 주고 유리 덮개를 씌우고 하루에 마흔네 번이나 해넘이를 볼 정도로 풀이 죽더니 끝내는 자신의 별을 버리고 방랑한다는 무기력한 행동이 완전히 다르다는 점에 있다. 전장에서 생명의 위험을 무릅쓰고 적에게 말을 걸어 대화를 시도하는 용기 있는 태도와 장미에게 주눅 든 왕자의 태도는 완전히 정반대의 것이다.

이 양자의 차이를 무시하고 '길들이다'라는 말로 뭉뚱그리는 것은 무모한 짓이다. 왕자는 학대를 가하려는 장미에게 저항하지 않았다. 용기를 내지 못하고 그저 당할 뿐이었다. 이것이 왕자-장미 관계의 본질이다.

만약 왕자가 장미라는 학대자와의 사이에서 진정한 의미의 유대관계를 맺고자 했다면 전장의 병사들처럼 목숨을 건 '길들이기'를 시도할 필요가 있었다. 여기에는 상당한 수준의 용기와 지혜가 필요한데, 이는 사실 왕자가 배워야만 했던 것이기도 하다.

하지만 여우가 왕자에게 가르친 건 용기도 지혜도 아니었다. 여우는 왕자가 장미를 위해 시간을 허비했다는 것으로 이미 '길들이기'가 성립했다며, 기묘하게 현상을 긍정하는 사고를 주입했다. 그리고는 '길들이기'를 한 이상, 영원히 책임을 져야만 한다는 밑도 끝도 없는 주장을 펼쳐 왕자의 죄책감을 풍선처럼 부풀려버린 것이다.

생텍쥐페리가 과연 이러한 appriviser의 기묘한 용법을 의도적으로 사용했는지를 논증하기는 어렵다. 아마도 무의식중에 무언가에 끌리듯 사용했을 가능성도 있다. 그 결과, 여우의 2차 학대를 간결하고 명쾌하게 표현하여 왕자의 자살이라는 무시무시한 비극적 결말을 나름대로 그려내는 데 성공한 것이라고 나는 생각한다.

그렇다면 위의 논의에 입각해 '길들이다'라는 행위가 일방향적 행위라는 것이 확실해졌다고 나는 생각한다. A가 B를 길들인 것에 성공했다고 해서 반드시 B가 다시 A를 길들일 필요는 없으며, 그런 일은 애당초 일어나지도 않는다. 전장에서 한

쪽이 다른 쪽을 '길들여서' 대화가 성립했다면 다른 한쪽이 다시 이쪽을 '길들이는' 일은 상상도 할 수 없다. 혹은 'A가 B를 길들인다는 것은 B가 A를 길들이는 것이기도 하다'라는 식의 기묘한 궤변은 생각할 필요도 없다.

A가 B를 길들인다는 건 생텍쥐페리의 다른 표현으로 '어둠 속에서 얼굴도 이름도 알지 못하는 자들을 향해 사다리를 던지는' 행위이며, 이것이 성공하면 '세상의 양 끝을 잇는' 일이 된다. 다시 한 번 이 문장을 인용해두고자 한다.

여기서 우리들은 어두운 밤에, 알지 못하는 자들을 향해 간이 사다리를 던졌다. 그리고 지금은 그것이 한쪽과 다른 한쪽을, 즉 세계의 양쪽을 연결했다.

당연한 말이지만 'A가 B에게 사다리를 던졌다는 것은 B가 A에게 사다리를 던진 것이기도 하다'라는 논리는 성립하지 않는다. 그러므로 나이토 아로오가 말한 '왕자와 꽃은 이리하여 서로에게 길들여진 것이다'라는 논리는 성립하지 않는다.

★★★

흥미롭게도 많은 논객들이 나이토와 같은 오역을 되풀이한다.

참고로 나이토는 approvoiser란 말을 '길들이다', '친숙해지다', '사이좋게 지내다', '자기의 것으로 만들다', '돌보다' 같은 적당한 번역어를 남발해 원문의 뉘앙스를 지워버리는 과오를 범했다. 가토 하루히사의 《슬픈 얼굴의 어린왕자》(2007)에서는 이런 식으로 중요한 키워드를 처리하는 것의 문제점을 엄중하게 비판하고 있다.

가토는 《슬픈 얼굴의 어린왕자》에서 approvoiser란 표현을 상세히 다루고 있다. 그중에서도 프랑스어에서 발견되는 몇 가지 용례를 덧붙이고 생텍쥐페리가 사용한 이 말의 용례를 조사하여 이렇게 결론지었다.

이상의 예로부터 생텍쥐페리가 approvoiser란 동사를 자신의 어휘로 채용한 것은 야생동물을 실제로 길들인 경험이 있기 때문이며, 또한 이 동사를 '길들이다', '자신의 것으로 만들다'와 같은 뉘앙스로 인간에 대해서도 사용하게 되었다는 결론을 도출할 수도 있다.

이는 동시에 '길들이다'approvoiser = '유대관계를 형성하다'créer des liens라는 《어린왕자》에 등장하는 등식이 생텍쥐페리가 지닌 인간관계관을 표현하고 있는 것이기도 하다.(p. 43)

이리하여 가토는 approvoiser를 '길들이다'라고 번역해야만 한다고 주장한다. 이 논의는 참으로 면밀하면서도 명쾌하다. 나도 '길들이다'로 번역해야만 한다는 점에 동의한다.

그런데 이만큼 면밀히 논의한 끝에 가토 역시 같은 책에서 나이토와 같은 오류를 범하기 시작한다.

왕자 자신이 말하고 있듯 왕자와 장미는 서로를 길들인 관계이다.(p. 44)

도대체 언제 왕자가 자신과 장미에 대해 '서로를 길들인 관계'라고 말했던가. 왕자가 장미와의 관계에 대해 말한 것은 (6)"꽃 한 송이가 있었는데… 내 생각에 그가 나를 길들였어…"뿐이다. 왕자는 장미에게 '길들여졌다'고 말한 것이다.

이에 대해 여우는 헤어질 즈음 (16)"네가 길들인 것에 대해서 너는 영원히 책임져야만 해" 이렇게 선언하며 "너는 너의 장미를 책임져야만 해…"라고 주장한 것에 불과하다.

다시 말해 왕자가 장미를 길들였다고 말한 것은 왕자가 아니라 여우다. 가토가 '왕자가 말했다'고 주장한 근거는 아마도 여우의 말을 들은 왕자가 "나는 나의 장미를 책임져야만 해…" 하고 여우의 말을 되풀이했기 때문일 것이다. 하지만 이미 살펴보았듯 이후 왕자는 혼란에 빠져 마지막에 가서는 자살에 이르므로, 정상적인 상태에서 '인정했다'고 보기는 어렵다. 설령 이 부분을 인정한다 하더라도 "서로를 길들인 관계"라고는 결코 말한 적 없다.

또한 왕자와 비행사가 '길들이고 길들여진 사이'가 아니란 것은 제25장의 마지막 문장 "길들여진다면 살짝 울어버릴지도 몰라"에서 명확히 알 수 있다. 비행사의 이 말은 자신과 왕자의 관계에 대해 이야기하고 있다. 비행사는 왕자에게 '길들여졌다'고 확실히 말했지만 자신이 왕자를 '길들였다'고는 말하지 않았다. 그러므로 서로 '길들이고 길들여진 사이'라고는 말할 수 없다.

애당초 가토가 논증한 것처럼 생텍쥐페리는 이 말을 야생동물을 길들이는 일방향적 행위로 명확하게 이해하여 사용했다. 인간이 길들인 야생동물에게 길들여진다는 것은 있을 수 없는 일이므로, 이 일방향성은 분명한 것으로 보인다.

가토가 제시한 여타 용례에서도 이는 마찬가지이다. 내가 인용한 〈파리 수와〉 기사에서도 그렇다. 그러므로 '길들이다'는 한쪽에서 다른 한쪽으로 작용하는 일방향적 행위임이 분명하며, 그 이상의 함의는 없으므로 '길들이고 길들여진'이라고는 말할 수 없다. 가토가 제시한 프랑스어의 여러 용례도 모두 이러한 점을 나타내고 있다.

가토는 '길들이고 길들여진 사이'에 대해 기이한 사례 세 가지를 제시한 후 반복하더니, 이렇게 기세 좋게 선언한다.

모든 것은 텍스트 안에 있다. 이 모든 것을 텍스트 속에서 발굴하는 것이 번역자의, 그리고 또한 문예평론가의 사명 아니겠는가.(p. 45)

하지만 모든 텍스트는 분명히 '길들이다'의 일방향성을 나타내고 있다.

앞서 '여는 말'에서 말했듯이 내가 가토의 주석과 해석에 거의 전면적으로 의존하고 있는 까닭은 여러 가지를 비교 검토한 결과 그의 해석이 가장 신뢰할 수 있다고 판단했기 때문이다. 텍스트에 대한 가토의 진지한 태도와 면밀한 해독에 경의를 표하는 만큼, 가토가 이 부분에서 마치 착각이라도 한 듯 어째서 자신이 철저하게 비판하고 있는 나이토의 전철을 '일부러' 밟으면서 텍스트를 오인하는 오류를 범했는지 대단히 의문스럽다.

★ ★ ★

미노 히로시는 《어린왕자의 수수께끼》에서 이렇게 주장했다.

여기서 '길들이다'라고 번역한 apprivoiser가 영어판에서는 'tame'으로 표현돼 있다. 생텍쥐페리에 대한 책을 영어로 쓴 로

빈슨은 이렇게 말했다. "이 부분은 번역하기가 곤란하다. 영어 tame은 프랑스어의 상이한 두 가지 말, 다시 말해 동물이 잘 따르도록 훈련시킨다는 의미인 domestiquer와, 사람과 동물 사이에 애정의 유대관계를 만든다는 의미인 apprivoiser의 번역어이기 때문이다. 프랑스어에서는 이 부분이 apprivoiser에 해당한다."(Robinson, 126) 하지만 domestiquer와 apprivoiser에 대한 로빈슨의 해석은 반드시 정확하다고 할 수는 없어 보인다.《쁘띠 로베르Petit Robert》 사전에 따르면, domestiquer는 '① 야생종의 동물을 가축으로 만들다. ② 완전히 복종시켜 지배하에 둔다'이며, 또한 apprivoiser는 '① 야생의 사나운 동물을 보다 온화하고 위험하지 않은 것으로 만들다. ② 보다 순종적이고 사랑스러운 것으로 만들다'라고 나와 있다. 로빈슨이 말하는 '애정의 유대관계를 만들어낸다' 같은 강력한 의미가 apprivoiser에는 없다. 단, domestiquer 쪽이 보다 완전한 지배 관계를 만들어낸다는 의미가 있는 듯하다. 애당초 apprivoiser의 원래 의미는 privy에 있는 '개인의', '점유한', '사적인 것으로 만들다'는 부분에 있다. 다시 말해 여기서는 그 누구의 것도 아닌 여우를 자신의 사적인 것으로 만든다는 이야기이다.(三野博司 2005, p. 142)

그러나 미노의 논의는 가토의 논의에 비해 설득력이 약하다고 나는 생각한다. 이 논의대로라면 domestiquer를 '가축화하

다'로, apprivoiser를 '길들이다'로 대응시키면 충분하기 때문
이다. 게다가 《어린왕자》에는 domestiquer라는 말이 아예 등
장하지 않으므로 domestiquer라는 말을 꺼내들어 애써 설명할
필요가 처음부터 없었다.

미노는 로빈슨처럼 apprivoiser가 원래부터 '유대관계를 만
든다'는 의미를 가지고 있었다고 해석하는 것이 어원적으
로 무리임을 밝혀냈다. 이 지적은 타당하다고 본다. 애당초
apprivoiser가 '유대관계를 만든다'라면 '길들이다 = 유대관계를
만든다'가 되는 여우의 주장이 의미 없는 반복이 되어버린다.

미노는 나아가 왕자가 5천 송이의 장미에게 악담을 하러 가
는 장면을 인용하여 이렇게 말한다.

여우는 일방적으로 왕자에게 자신을 길들여달라고 부탁한다. 하
지만 왕자는 길들이는 것이 상호행위라는 부분을 이해하고 있
다. 왕자가 여우를 길들임과 동시에 여우가 왕자를 길들이는 것
이다. 그러므로 왕자는 5천 송이의 장미를 향해 "아무도 너희들
을 길들이지 않았고 너희들 역시 아무도 길들이지 않았어"라고
말한 것이다.(三野博司 2005, p. 142)

다시 말해 '길들이는 것은 동시에 길들여지는 것이다'라고
미노는 이해하고 있다. 이 또한 나이토 아로오의 '서로에게 길

들여졌다'는 설과 같은 해석이다.

　또한 5천 송이의 장미를 향해 왕자가 "아무도 너희들을 길들이지 않았고 너희들 역시 아무도 길들이지 않았어"라고 말한 것이 반드시 '길들이는 것은 상호행위이다'라는 명제의 근거가 되지는 않는다. 3장에서 이미 살펴봤으나, 여기서 왕자가 말한 내용의 함의는 '누구에게도 길들여지지 않았고 아무도 길들이지 않았다는 것은 누구와도 관계를 맺지 않고 있다'는 것으로, '길들이는 것'이 가진 방향성에 대한 언급은 아니다. '길들이다'란 일방향적 행위를 능동적으로도, 수동적으로도 경험하지 않았다는 의미이다.

　츠카자키 미키오塚崎幹夫의《어린왕자의 세계》(중공신쇼, 1982년)는《어린왕자》가 파시즘과의 싸움을 주제로 한 것으로, 세 그루의 바오밥나무가 독일, 이탈리아, 일본을 표현한 것이라는 등 여러 가지 새로운 해석을 제시한 명저로 오늘날에도 널리 읽히고 있다. 나 역시 어렸을 적 이 책을 흥미롭게 읽고 강한 자극을 받았던 기억이 있다.

　츠카자키는 '길들이다'를 그다지 중시하지는 않아 이에 대해 언급한 부분이 많지는 않지만 저서에 '길들이다'를 상호행위라고 명확하게 서술한 부분이 있다.

　하나는 서로를 '길들이는' 방법이다. 시간을 들여 밀도 높고 새로운 경험을 함께 거듭하며 마음에 많은 접점을 만들어 자연스럽게 '좋은 사이가 되는 것'에 성공한 경우에는 힘들이지 않고도 서로의 마음을 알 수 있게 된다. 일단 한번 만들어진 마음 간의 접점은 그리 쉽게 사라지는 것이 아니므로 거듭되는 공통의 경험에 따른 상호 이해는 매우 안정된 것으로 자리 잡는다. 왕자와 장미, 왕자와 여우의 경우가 이에 해당한다.(塚崎幹夫 1982, p. 80)

츠카자키 역시 이 점에서는 나이토 아로오의 논의를 답습하고 있다. 게다가 이 해석은 '길들이기'를 장기간에 걸친 과정으로 간주하고 있다는 점에서 더욱 문제가 있다. 이미 살펴봤듯이 길들이는 것은 전장에서 적에게 말을 거는 것처럼 일순간의 행위이기 때문이다.

일본에서 출간된 《어린왕자》 해설서를 전부 읽은 것은 아니지만 나이토 아로오의 자의적 날조에서 비롯되는 '왕자와 장미는 서로에게 길들여졌다' 설은 거의 모든 학자들이 인정하고 있다고 생각한다. 나이토를 엄중하게 비판하는 가토와 츠카자키조차도 이 설을 계승하고 있으며, 명확히 밝히지 않은 경우에도 이 생각에 반대하는 해설서를 본 적이 없다.

'서로에게 길들여졌다'는 표현에서 나는 뭔가 엔카演歌 곡조의 끈적끈적한 느낌을 받았다. 《어린왕자》에 관한 영어와 프랑스어 문헌을 면밀히 조사한 것은 아니므로 단언하기는 어렵지만 번역된 문헌을 봤을 때 이러한 논의는 발견되지 않았다. '서로에게 길들여졌다'라는 설은 일본 특유의 학대 문화를 반영하고 있는 것이 아닌가 하고 상상해본다. 그리고 이런 오해가 일본 내《어린왕자》에 대한 인기의 원인 중 하나가 아닌가 싶다. 이 부분은 프랑스문학을 전공하신 분들이 검증해주셨으면 하는 부분이기도 하다.

★ ★ ★

3장에서 논했듯이 피해자가 학대자와의 관계를 '피차일반'으로 이해하면 모럴 해러스먼트가 성립한다. 결정적으로 중요한 것은 '길들이다'라는 일방향적 개념을 '관계를 맺다'라는 쌍방향적 개념으로 단순 치환해버리는 것이다. 그 결과 문제가 은폐되고 여기서 학대가 싹트는 것이다.

생텍쥐페리는 인간으로 인해 인간을 잃어버리는 억압적 상황에 대해 언제나 분노를 표현했다. 그는 이런 억압을 날카로운 감수성으로 끊임없이 고발해왔다.

그리고 이 억압이란 이름의 괴물에 사로잡힌 사람들에게 맞서면서도 그 사람들을 죽이거나 배제하지 않았다. 오히려 그 사람들을 사로잡은 괴물을 '길들여' 그 사람들과 관계를 맺고자 했던 거라고 나는 생각한다. 그는 이렇게 사회를 구성하는

인간의 관계를 확장하려고 했다. 이는 참으로 고결한 사상이
었다.

생텍쥐페리가 1943년 말, 알제리의 수도 알제에서 쓰고는
끝내 부치지 않은 편지가 있는데, 거기에 이런 내용이 있다.

감옥에 갇혀버린 영혼만이 나의 마음을 움직인다고 생각해주세요.
버려진 인간이라도 그 사람을 길들이는 기적에 단 3초라도 성공
한다면, 3초만이라도 그 사람이 '신뢰'한다면 어떤 표정을 지어
보일지는 알 수 없습니다.(Saint-Exupéry 1982, p. 449)

여기서 그가 말하는 '길들이다'의 의미는 괴물로 인해 '감옥
에 갇혀 있는 영혼'을 깨우기 위해 상대의 영혼에 닿는 다리를
놓는다는 의미일 것이다.

그래도 '괴물'에 대한 생텍쥐페리의 인식에는 어딘가 맹점
이 있는 것처럼 나는 느낀다. 그것이 '길들이다'라는 개념을
애매하게 하여 왕자와 장미의 관계를 '길들이다'로 치환하는
여우의 기묘한 담화로 귀결된 것이 아닐까 하고 생각한다. 이
맹점으로 인해 생텍쥐페리는 'apprivoiser'란 말을 이중적으로
사용해버렸다. 그 배후에는 자기 자신을 '장미'라고 인식하고
이를 평생의 자랑거리로 삼은 생텍쥐페리의 아내, 콘수엘로와
의 관계가 있을 것으로 추정된다. 단, 그것이 구체적으로 어떤

관계인지 밝혀내는 일은 내 영역을 벗어난 것으로 이 역시 불문학자들의 연구에 맡기고자 한다. 이에 더해 나이토 아로오를 비롯해 일본 학자들의 부부 관계도 또 다른 영향을 미쳤을 가능성이 있음을 지적해둔다.

그리고 또한 역설적이게도 이 맹점이 작동함으로써 왕자가 자살을 택하는 무시무시한 비극의 방아쇠를 여우가 당기는 드라마가 탄생했다. 바로 여기에서 《어린왕자》라는 걸작이 탄생한 것이다. 결과적으로 걸작이 탄생했듯, 멋지고도 '잘못' 보여준 부분에서 나는 생텍쥐페리의 천재성을 엿본다.

5

보아뱀의 정체

임상심리사 야하타 요우는 저서 《어린왕자의
심리학》(다이와쇼보, 1995년)의 '여는 말'에서
이렇게 서술했다.

> (도스토옙스키 작품들처럼) 인간이 가진 검은 욕망과 증오 같은
> '악'을 도려내는 깊이를 척도로 문학의 가치를 판단해왔다. 이런
> 암흑 문학에 비하면 《어린왕자》는 기본적으로 선의밖에 존재하
> 지 않는 세계이다.

나는 이 문장을 읽고 매우 놀랐다. 《어린왕자》는 마지막에
왕자가 독사에게 자신의 발을 물게 해 자살하는 이야기이다.
'선의밖에 존재하지 않는 세계'에서 소년이 자살하는 사태가
어떻게 일어날 수 있는가?
하지만 가만히 생각해보면 이 문장은 모럴 해러스먼트의 본

질을 제대로 보여주고 있기도 하다. 왜냐하면 모럴 해러스먼트의 본질은 피해자가 학대자에게 조종당하면서도 자신이 '선의밖에 존재하지 않는 세계'에 살고 있다고 확신하고, 동시에 이런 세계에서 고통을 느끼는 자신에게 '죄책감'을 느낀다는 점에 있기 때문이다. 무시무시한 악의가 초래하는 비극이 선의밖에 존재하지 않는 이야기에 담겨 있다는 점이 바로 이 작품이 걸작인 이유이기도 하다.

이 이야기 속에 숨어 있는 악의는 이미 장미의 모럴 해러스먼트와 여우의 2차 학대를 통해 그 모습을 드러냈다. 한편 이 장에서는 초반부에 나오는 그림, 특히 '보아뱀'의 정체를 살펴봄으로써 악의의 양상에 대해 논하고자 한다.

《어린왕자》 첫머리에 등장하는 보아뱀에게 잡아먹히는 곰 그림은 비행사가 여섯 살 때 읽은 이야기의 삽화이다. 흥미롭게도 생텍쥐페리에게 유년 시절 '곰'이란 별명이 있었다고 한

다. 이 말은 이 그림이 생텍쥐페리 자신을 그린 자화상이라고
도 해석할 수 있는 여지를 준다.

만약 이 그림의 먹잇감인 곰이 생텍쥐페리라고 한다면 이 보
아뱀은 도대체 누구일까? 칼 융과 분석심리학자인 마리 루이
제 폰 프란츠Marie-Louise von Franz는 이렇게 분석한다.

> 큰 뱀은 모든 것을 삼켜버리는 모친의 이미지이며, 더 깊이 파고
> 들면 무의식이 삼키는 면을 나타내고 있기도 하다. 이 뱀에 사로
> 잡히면 기력을 빼앗기고 발달은 지체된다. (Franz 2006, p. 32)

프란츠는 이어서 이 곰 그림과 코끼리 그림에 대해 이렇게
말한다.

이처럼 코끼리는 사실 생텍쥐페리의 자화상이며, 여기에는 한 치의 오차도 없이 원형적 패턴이 묘사되어 있다. 다시 말해 코끼리는 그가 은밀하게 되고자 하는 어른 영웅의 모델로 그려졌는데, 이 공상적 모델 자체가 이미 모든 것을 삼켜버리는 모친에게 삼켜져버린다. 이 첫 번째 그림이 이미 비극의 전모를 암시하고 있었던 것이다.(Franz 2006, p. 36)

하지만 이 분석은 그대로 받아들이기에는 허술한 부분이 많다고 느껴진다. 만약 코끼리가 생텍쥐페리의 자화상이라면 어째서 첫 번째 그림에서는 곰이고 두 번째 그림에서는 코끼리가 되었는가? 게다가 코끼리가 '어른 영웅의 모델'이라는 근거는 어디에 있는가? 이후에도 코끼리 그림은 등장하지만 그것이 '어른 영웅의 모델' 인상을 주는 것은 아니다.

그녀의 '분석'은 융파 분석심리학의 여러 개념에 전면적으로 의존하고 있으며, 이를 《어린왕자》에 억지로 끼워 맞춰 작가인 생텍쥐페리의 심리를 분석하는 교조적 행위이다. 게다가 야하타(1995)가 지적했듯 프란츠의 저서에는 전기적 사실조차도 틀린 부분이 여러 군데 발견된다.

그러므로 나는 프란츠의 해석에 큰 의문을 느낀다. 작품이 저자와 동일한 것은 아니기 때문이다. 이미 말했듯이 훌륭한 작품은 저자를 통해 탄생하지만 동시에 저자 자신을 넘어서는 것이다. 《어린왕자》는 바로 이런 의미에서 걸작인데, 이 해석을 생텍쥐페리란 작가 개인의 심리로 귀결시켜 마치 꿈을 해몽하듯이 집요하게 일일이 파헤치는 것은 오히려 작품의 가치를 훼손한다고 생각한다.

생텍쥐페리의 생애와 모친과의 관계에 천착하기보다도 작품 초반부에 이 그림들이 등장한 의미를 고찰해야 한다. 이는 역시 작품 전체를 이해하기 위한 열쇠가 될 것이다.

★ ★ ★

프란츠와 츠카자키를 제외하면 다른 학자들은 이 그림이 무엇을 표현한 것인가라는 질문 자체를 부정한다. 예를 들어 미노히로시는 이렇게 말한다.

그가 느낀 공포란 무엇이었을까. 당시 역사적 정황을 고려하면 보아뱀은 주변 나라를 침략하는 독일이라고 하거나 작가 생텍쥐페리에 대한 정신분석적 해석을 통해 아이들을 삼키는 모친이라는 해석도 존재한다. 하지만 여기서 중요한 것은 공포 그 자체라기보다도 과연 보아뱀의 몸 안을 투시할 수 있는지, 설명을 듣지 않고도 이해할 수 있는지에 대한 부분이 아니겠는가.(三野博司 2005, pp. 17-18)

여기서 미노가 주장하는 것은 보아뱀의 몸 안을 투시할 수 있는지, 그 상상력이 문제시되고 있다는 점에 있다. 미즈모토 히로후미와 고지마 도시하루도 이렇게 주장했다.

사물의 외관만으로 그것의 진실을 이해할 수 없다. 숨겨진 내면에 시선이 가야 한다. (…) 두 장의 그림이 말하고자 하는 바는 바로 이런 것이라고 생각한다.(水本弘文 2002, p. 19)

그러므로 '몸 안이 보이지 않는 큰 뱀'은 《어린왕자》를 이해하는 하나의 열쇠이다. 다시 말해 코끼리가 그려지지 않았는데 코끼리를 볼 수 있는 초능력이 문제인 것이다. '나'는 '몸 안이 보이지 않는 큰 뱀' 그림을 일종의 '척도'로 이용해 어른들을 시험하고 내부의 코끼리를 보지 못하는 어른들을 조롱하고 있다. '나'는 '나'가 그리지 않은 것을 꿰뚫어봐주길 바라고 있다. 즉, 눈에 보이지 않는 것을 보는 능력을 요구하고 있는 것이다. 이는 《어린왕자》의 주제이기도 하다.(小島俊明 2006, p. 26)

이 논의의 문제점은 코끼리를 삼킨 두 장의 보아뱀 그림은 설명할 수 있지만 곰을 휘감고 있는 첫 번째 보아뱀 그림은 설명할 수 없다는 점에 있다. 첫 번째 그림은 '눈에 보이지 않는 것'에 대해 도대체 무엇을 말하려고 하는 것일까? 확실한 것은 코끼리 그림이 곰 그림에 자극받아 그려진 것이란 점이다. 코끼리와 곰, 이 두 가지가 완전히 다른 것을 표현한 것이라고 이해해야 하는 것인가?

미노는 "생텍쥐페리가 느낀 공포란 무엇이었을까?"라며 날 카롭게 문제제기를 하면서도 아무런 근거도 제시하지 않은 채, "하지만 여기서 중요한 것은 공포 그 자체라기보다도 보아뱀의 몸 안을 투시할 수 있었는지, 설명을 듣지 않고도 그것을 이해할 수 있었는지에 대한 부분이 아니겠는가" 하고 문제를 바꿔쳐버렸다. 이 역시 흔히 볼 수 있는 궤변의 일종이다.

★ ★ ★

정리하자면 (1) 보아뱀 = 모친 설, (2) 보아뱀 = 나치 독일 설, (3) 보이지 않는 것을 보는 설, 세 견해는 모두 일장일단이 있는 가설들이다. 논리의 앞뒤가 맞지 않는 부분이 있으므로 이를 감추기 위해 세 가설 모두 궤변의 수법을 구사했다고 나는 생각한다. 하지만 이 논의들이 무가치한 것은 아니다. 이 논의들은 다음 세 가지 논점을 제기했다는 점에서 그 의미가 있다.

(1) 부모와의 관계
(2) 히틀러의 폭력

(3) 은폐된 것을 간파하는 능력

여기서 (1)과 (2)는 "내 그림이 무섭지 않나요?"라는 어린 시절 비행사의 물음에서 나타나듯이, '무섭다'는 감각과 연관되어 있다. 이 논점들을 종합적으로 고려하여 해석한다면 세 장의 그림에 대한 함축된 의미를 발견할 수 있으리라 생각한다.

내 해석은 이렇다. 지금까지 이 책을 읽은 독자라면 이미 짐작했을 수도 있다. 나는 이 세 장의 그림이 '모럴 해러스먼트'를 표현하고 있는 것이라고 생각한다.

곰이 보아뱀에게 꽁꽁 묶여 있는 첫 번째 그림은 뱀이 학대자를, 곰이 피해자를 묘사한 것이라 생각하면 쉽게 이해할 수 있다. 꽁꽁 묶여 움직일 수 없게 '속박'되어 있는 것이 학대 피해자의 전형적인 심리 상태이기 때문이다. 이 그림에 '모럴 해러스먼트'라는 설명을 달아도 손색이 없겠다는 생각이 들 정도다.

그리고 코끼리를 삼킨 두 장의 보아뱀 그림은 같은 것을 다른 각도에서 표현하고 있다. 이 그림이 강조하는 것은 '은폐'다. 모럴 해러스먼트의 특징은 이미 살펴본 것처럼 그 악의가 은폐되어 있다는 점에 있다. 곰이 코끼리로 바뀐 것은 곰이든 코끼리든 학대의 피해자가 되었다는 점에 다르지 않음을 나타낸다. 보아뱀에게 삼켜진 코끼리는 눈도 뜬 채로 있어 살아 있는 것이 분명한데, 저항도 않고 온순하게 소화되고 있다. 그리고 코끼리는 보아뱀에게 삼켜짐으로써 외부 세계와 차단당한 '블랙아웃' 상태에 빠져 있다. 이 모습은 모럴 해러스먼트 피해자의 상황과 정확하게 일치한다.

또한 피해자가 이러한 상황에 빠지더라도 외부 사람들은 아무도 그 상황을 인식하지 못하고 "모자가 뭐가 무서워?" 하며 태평한 반응을 보인다는 점도 비슷하다. 학대의 구조에서 빠져나오기 위해서는 모자로 보이는 것이 사실은 코끼리를 삼킨 보아뱀이라는 것을 간파하는 능력이 필요하다. 이는 피해자 자신뿐만 아니라 외부에서 상황을 관망하는 자들에게도 적용할 수 있는 이야기이다.

또한 모럴 해러스먼트의 학대자도 피해자도 어린 시절의 경험에 지배되고 있다. 이는 대단히 중요한 점이므로 이리고엔의 말을 빌어 다시 강조해두고자 한다. 이리고엔은 학대자의 특징에 대해 이렇게 말했다.

보통 사람들의 사악한 행동과 감정은 대개 일시적 반응에 불과하고, 나중에 자책과 후회가 따른다. 그런 점에서 '진짜' 사악한 사람들과는 구별된다. 신경증 환자는 이 내적 갈등을 거부감 없이 받아들임으로써 자기 통일성을 유지하고 있다. 사악함이라는 개념은 아무런 죄의식 없이 타인을 이용하고 파괴할 수 있는 전

략을 함의한다.(Hirigoyen 1998, p.149; E. p.123)

사악한 자기애자自己愛者는 증상 없는 정신병 환자로 이해된다. 그들은 스스로 아픔을 느끼지 않고 내적 모순에 대한 인식을 차단하며, 그것을 타인에게 전가함으로써 균형 감각을 유지하고 있다. 그들은 악행을 저지르는 것이 "고의가 아니다"라고 한다. 그들은 악행을 저지르는 것 외에 다른 선택지가 있다는 사실을 모르는 것이다. 그들 역시 유년 시절에 상처를 받았으며, 자신들의 삶을 유지하고자 이런 악행을 저지르고 있다. 그들은 고통을 전가함으로써 타인을 희생시키고 자신의 가치를 높일 수 있게 된다.(Hirigoyen 1998, pp.151–2; E. p.125)

다시 말해 학대자는 어린 시절에 학대를 받고 상처받은 탓에, 그들의 내적 갈등과 아픔을 타인에게 전가하여 살아가는 것 말고는 다른 삶의 방식을 모르는 사람들이라는 것이다. 모든 것을 타인에게 강요하기 때문에 학대자 자신은 정신질환을 겪지 않지만, 그 내면은 완전히 공허하며 심각하게 병들어 있다. 학대자는 아동학대의 피해자였을 가능성이 높다. 이리고옌은 이렇게도 서술한다.

앨리스 밀러는 "다 너를 위한 거야"라며 유아를 '얌전하게 하는' 억압적 교육은 그 아이의 의사를 파괴하고 본연의 감각과 창조성, 감성, 분노를 스스로 억제하게 하는 결과를 낳는다. 밀러에 따르면, 이런 식의 교육은 나아가 다른 형태로 나타나는 문제의 씨앗이 된다. 개인적으로는 사악한 자기애자가 되게 하며, 집단적으로는 전체주의적 파벌과 정당에 귀결된다. 이리하여 유아기의 경험에 따라 각 개인의 성년기가 좌우되는 것이다. (Hirigoyen 1998, p.178; E. p.146)

여기서 이리고옌이 앨리스 밀러를 언급한 것은 대단히 중요하다. 밀러의 저작을 보면 확실히 드러나는데, 유년 시절에 폭력을 당한 경험은 학대자와 피해자에게 공통적으로 발견되는 특징이다. 앨리스 밀러는 유아기의 학대가 개인과 사회에 얼마나 나쁜 영향을 미치는지를 규명한 사상가이다. 그녀의 공헌은 20세기의 학문이 이룩한 최대의 발견 중 하나라고 나는 생각한다. 아동학대에 대한 그녀의 문제의식과 결론은 개인 홈페이지 도입부에 이렇게 요약되어 있다.

굴욕감을 주는 것, 두들겨 패는 것, 따귀를 때리는 것, 모욕, 성적 착취, 비웃거나 무시하는 것 등은 모두 학대이다. 당장 눈에 띄는 현상은 없더라도 결과적으로 아이들의 건강과 존엄을 해치는 일이기 때문이다. 심각하게 유린당한 아이들은 어른이 되면 그 상처로 인해 고통을 느끼고 타인에게도 고통을 주게 된다. 폭력의 결과는 때때로 그 피해자를 전체 사회를 대상으로 복수하는 악귀 같은 사람이 되게 만든다. 또는 히틀러를 비롯한 잔혹하고 악랄한 독재자를 위해 기꺼이 일하는 사람을 만들어낸다.

폭력을 당한 아이는 그 폭력을 아주 이른 시기에 내재화하고는 부모가 사랑했기 때문에 때린 것이라 믿는다. 그리고 시간이 흐른 뒤엔 부모를 모방하여 폭력을 찬미하면서 그 방식을 답습하고 활용한다. 아이들은 자신이 폭력을 당한 이유가 단지 그들의 부모가 유년 시절에 이유도 모른 채 폭력을 당하고 이를 내재화한 데 있다는 사실을 알지 못한다. 한때 학대당하는 아이였던 어른은 자신의 아이에게 폭력을 가할 때, 어리고 무력했던 시절에 자신을 유린했던 부모에게 종종 감사의 마음을 느끼곤 한다.

이 문제에 대한 사회의 무관심이 이처럼 오랜 세월 추궁되는 일 없이, 그리고 부모들이 완전한 '선의'에 입각해 세대를 넘어 심한 고통과 파괴 행위를 재생산하고 있는 이유는 바로 여기에 있다. 대부분의 사람들은 이 문제에 눈을 감고 있는데, 이는 어린 시절에 당했던 폭력의 근원이 전 세계적으로 무시되어왔기 때문이다. 대부분의 아이들은 세 살 무렵 걷기 시작할 때부터 만져서는 안 될 것을 만지다 철썩 얻어맞는다. 이런 폭력은 인간의 뇌가 기본 구조를 형성할 때, 즉 친절과 진실, 애정을 배우고 잔학함과 거짓말은 절대 배워서는 안 될 바로 그 시기에 일어난다.

학대당한 많은 아이들이 '자신을 도와줄 증인'을 어디선가 발견하고 그들로부터 애정을 느낄 수 있는 건 불행 중 다행인 일이다.(http://www.alice-miller.com)

나는 이 사실, 다시 말해 "다 너를 위한 거야"라는 명분하에 아이들에게 다양한 형태로 가해지는 폭력이야말로 인류가 안고 있는 많은 문제의 근원이라는 사실이 우리가 알아야 할 무엇보다 중요한 사실이라고 생각한다. 또한 이 폭력이 때리고 걸어차는 물리적이고 신체적인 행위에 그치지 않고 모욕, 조롱, 무시 등을 포함하고 있다는 점에 주목해야 한다.

앨리스 밀러가 히틀러에 대해 언급한 것은 그녀가 나치 독일 점령하에 아우슈비츠 강제수용소가 설치되어 있던 폴란드 출신이란 점과 밀접하게 연관되어 있다. 밀러의 대표작인《영혼의 살인-부모는 아이들에게 무슨 짓을 했는가》(야마시타 기미코, 신요샤, 2013년)는 왜 히틀러 같은 인물이 출현했고 그토록 많은 사람들이 동조했는지에 대해 고찰하고 있다.

밀러가 주목한 것은 히틀러와 그 지지자들의 유년 시절 독일에 만연했던 '슈레버 교육'처럼 극도로 폭력적인 교육 방법이다. 모리츠 슈레버D. G. Moritz Schreber(1808-1861)는 독일의 지도적 교육자로 폭넓은 영향력을 가지고 있었다. 그의 장남은 38세에 권총으로 자살했으며, 차남 다니엘 파울 슈레버Daniel

Paul Schreber(1842-1911)는 판사가 되었지만 42세에 정신분열을 앓으며 자기 망상에 대해 상세하게 기록한《한 신경병자의 회상록》(김남시 옮김, 자음과모음, 2010)이란 책을 냈다.(이 책은 프로이트가 분석하여 대단히 유명한 증례가 되었다.) 모리츠에게는 딸이 한 명 있었는데, 이 여성은 평생을 독신으로 지내다가 말년에는 정신이상이 되었다고 전해진다.

모튼 샤츠만Morton Schazman은 재차 파울 슈레버의 책을 분석하고 또한 그 부친의 저작도 읽고 나서 이렇게 지적했다.

첫째, 파울 슈레버가 편집증, 정신분열증, 미치광이 등의 낙인이 찍힌 이유인 기묘한 증상 중 몇 가지는 부친의 특수한 교육 방법과 연관되어 있을 가능성이 있다.
둘째, 부친의 양육법으로는 어떤 아이라도 망가졌을 것이다.
셋째, 부친은 자신의 양육법이 엉터리라고 비판하지 못하도록 아이 의견을 봉쇄하고 있었을 것이다.

내 연구의 목적은 미치광이로 간주된 한 어른의 마음을, 어린 시절 그에 대한 부친의 태도와 연관시키는 데 있다.(Schazman 1975, p. 22)

슈레버 박사는 아이를 통제하기 위해 아이들이 로봇처럼 부모에게 복종해야 하는 프로그램을 권한다. 부모에 대한 '무조건적 복종'이란 추상적이고 일반적인 원칙을 모든 과정과 모든 장면에 적용하는 것이 그의 목표이다.(앞의 책, p. 41)

다시 말해 지극히 억압적이고 폭력적이며 엄격한 슈레버의 교육법에 의해 그의 자녀 중 한 명은 자살로 내몰렸으며, 적어도 둘은 정신이상을 경험했다. 이 중 한 명의 증상은 부친의 교육법을 표현한 것이란 말이 된다.

슈레버의 교육법이 얼마나 '형편없는' 엉터리인지는 다음 쪽에 소개하는 그가 개발한 교육용 기구 그림을 보면 충분할 것이다. 이를테면 이 그림에 나와 있는 '머리 고정기'는 아이의 머리가 앞이나 옆으로 기울지 못하도록 고정하는 끈인데, 한쪽 끝을 아이의 머리카락에, 다른 한쪽 끝을 속옷에 고정시키는 것이다. 이렇게 해두면 아이가 머리를 곧게 유지하지 않을 때 머리카락이 잡아당겨지는 효과가 있다. 파울 슈레버는 이 기구에 의해 발생한 것으로 보이는 환각으로 고통받고 있었다.

내 가까이에서 혹은 나에 대해서 누군가 말을 하거나, 또한 아무리 사소한 것이라도 누군가가 소리를 내기라도 한다면, 이를테면 복도 문의 자물쇠를 연다거나 내 방 문고리를 민다거나 그럴 때

[그림] 모리츠 슈레버가 개발한 교육용 기구

나는 머리를 맞은 것 같은 아픔을 느낀다. 이는 머리 내부에서 갑자기 잡아당겨지는 것 같은 아픔으로 커다란 불쾌함이 찾아온다. (…) 그럴 때면 내 두개골 일부가 뜯겨나가는 것만 같다.(앞의 책, p. 164)

슈레버의 이 기억에 대해 샤츠만은 이렇게 지적한다.

아마도 그는 소리를 들으면 소리가 난 쪽을 향해 머리를 돌렸을 것이다. 그리고 바로 그때, 머리를 돌리다가 머리 고정기에 머리카락이 잡아당겨지는 순간을 재경험했거나 상기했을 것이다. (앞의 책, p. 72)

샤츠만은 부친의 교육 기구와 아이의 환각 사이에 섬뜩할 정도로 일치하는 반응이 슈레버가 개발한 다양한 기구에서 발견됨을 밝혀냈다. 이런 기구를 어린아이에게 장기간 착용시키면 정신질환을 일으킬 수밖에 없을 것이다.

이 연구를 통해 발견한 함축된 의미에 대해 샤츠만은 이렇게 서술했다.

아이러니한 것이 참 많다. 저명한 교육학자의 아들이 정신병 환자라니. 하지만 이 사실이 그의 명성을 훼손시키지는 않았다. 탐

욕적 다독가였던 프로이트가 환자의 부친이 쓴 아동교육서는 읽
지도 않고 그냥 지나쳤다. 이는 프로이트의 후계자들도 마찬가
지였다. 당시 독일의 부모들은 지금 시대라면 사디스트나 미치
광이라고 볼 법한 남자의 사상에 입각해 자녀를 길렀다.(앞의
책, p. 22)

《슈레버 증례》가 매우 유명해져서 많은 학자들이 연구하고
있었음에도 프로이트와 후계자들 중에 아무도 그 유명한 부친
의 아동교육서를 펼쳐볼 생각조차 하지 않았다는 사실은, 아
이가 스스로 품는 망상에 의해 혼자서 상처받는다는 프로이트
의 기묘한 오이디푸스 콤플렉스 이론에서 비롯된 맹점이라고
생각한다. 그로 인해 어른이 아이를 학대한다는 사실을 그들
이 무의식적으로 회피해버렸음을 시사한다.

마지막 한 문장은 더욱 중요한 부분이다. 슈레버는 사디스
트로밖에 보이지 않는 미치광이였음에도 많은 독일의 부모들
이 그 교육법으로 자녀를 길렀다는 것이다. 그리고 밀러가 지
적하듯 이런 무시무시한 교육법, 밀러의 표현으로는 '어둠의
교육'을 장려한 것은 슈레버만이 아니라 근대 유럽의 전통 그
자체였다는 점이다.

밀러는 나치즘이 이런 '어둠의 교육'의 귀결이라고 생각했
다. 어둠의 교육은 매우 일반적이었는데, 히틀러와 그 지지자

들이 어렸을 때는 슈레버 같은 이들의 영향으로 이런 교육법이 심각한 수준으로 만연해 있었던 것이다.

밀러가 밝혀낸 것에 따르면, 아돌프 히틀러는 서너 살 무렵부터 아버지 알로이스한테 심하게 두들겨 맞으며 자랐다. 알로이스는 가정에서 절대적인 권력자이자 무자비한 지배자였다. 그 자신이 사생아였으며, 아버지가 누구인지 알지 못했다. 다섯 살 때 생모와 이별하고 빈곤 속에서 자랐는데, 생물학적 부친은 소小부호 유태인이었을 가능성이 높았다. 이 모든 사실들에 상처를 입은 알로이스는 자신이 유년 시절에 느낀 굴욕감과 아픔을 아들 아돌프에게도 대물림하는 데 사로잡혀 있었던 것이다.

아돌프는 부조리하고 심한 폭력이 되풀이되는 환경에서 자라, 마침내 아무리 심한 폭력을 당해도 결코 그 아픔을 외부에 표현하지 않기로 결심한다. 그리고는 아버지가 자신을 때릴 때마다 매 맞는 수를 한 대씩 세어 보았다. 그리고는 엄마에게 가서 "아빠가 나를 서른두 대나 때리셨어" 하고 자랑스럽다는 듯 눈동자를 빛내면서 보고했다고 한다. 그는 이런 성장과정 속에서 자신의 신체가 경험한 아픔과 굴욕을 의식의 깊숙한 곳에 꾹꾹 눌러둔 것이다.

밀러는 이처럼 고문에 가까운 아버지의 학대로 인한 정신적 외상이 히틀러의 폭력성의 근원이 되었다고 지적한다.

부친의 학대가 낳은 정신적 외상을 망각하기 위해 아들 히틀러는 온갖 짓을 한다. 그는 독일의 지배 계급을 예속시키고 대중을 자기편으로 만들어 유럽의 각 정부를 그의 의도하에 굴복시켰다. 그는 무한하다 해도 과언이 아닌 힘을 손에 넣었다. 하지만 그가 잠든 사이에 무의식적으로 유년 시절의 경험이 되살아나 공격할 때면 저항할 길이 없었다. 아버지 알로이스가 그에게 고통을 주러 나타나서는 끝없는 공포를 선사한 것이다.(Miller 1983, p. 226. 영어판에서 일부 수정함)

히틀러는 불면증에 시달렸으며, 밤중에 갑자기 비명을 지르며 이불을 걷어차곤 했다. "그놈이야. 그놈이 바로 저기 있었어!"라고 소리 지르는 그의 입술은 새파랗게 질려 있었고 전신에 식은땀이 흘렀다. 그리고는 갑자기 숫자를 세기 시작했다. 주위에 있던 사람들은 아무도 눈치채지 못했지만 앨리스 밀러는 그것이 폭력을 가하는 아버지 알로이스의 환영이며, 숫자를 센 것은 두들겨 맞을 때 매 맞는 횟수를 세었던 기억의 되풀이라고 지적한다.(앞의 책, p. 227)

히틀러는 자신을 학대한 아버지의 악행을 제대로 인식하지도 못했고, 이에 맞설 용기도 없었다. 그는 부친한테 당한 고통과 굴욕을 타인에게 전가하려는 비겁한 짓을 했다. 표적이 된 대상을 향한 복수에는 끝이 없었다. 왜냐하면 이는 일시적인 기분 전환일 뿐, 본래 되돌려줘야 할 대상에서 분리된 이상 분노의 감정은 수습되지 않기 때문이다. 그렇게 히틀러는 전 세계를 향해 무자비한 파괴 행위를 일삼게 된 것이다.

여기서 표적이 된 것이 유태인이었다. 이는 그의 아버지 알로이스가 유태인의 피를 이어 받았을 가능성이 높으며, 또 이를 굴욕적인 것으로 인식하고 있었기 때문이다. 이 증오와 굴욕의 감정이 유태인을 향해 분출되었고, 히틀러처럼 비참한 유년기를 보낸 사람들은 자신들의 '감정 배출구'가 생긴 사실에 기뻐하며 히틀러를 열광적으로 지지한 것이다.

만약 앨리스 밀러가 말하듯이 히틀러의 폭력과 파괴 행위가 아버지의 학대로 인한 것이라면 생텍쥐페리가 목숨 걸고 싸운 상대의 정체 역시 그 학대였다는 말이 된다.

★ ★ ★

지금까지의 논의를 토대로 다음 세 가지 설은 유기적으로 통합된다.

(1) 보아뱀 = 모친 설
(2) 보아뱀 = 나치 독일 설
(3) 보이지 않는 것을 보는 설

폰 프란츠가 주장한 (1)의 가설처럼 단순히 모친과의 관계를 논한 것은 납득할 수 없는 논리이지만, 이 세 그림에 그려진 보아뱀이 부모로 인한 아동학대와 연관되어 있음을 제기하기도 했다. 그런 의미에서 (1)의 해석을 계승하고자 한다.

다음으로 츠카자키의 가설 (2)처럼 단순히 나치 독일과의 관계로 보자면 채택할 수 없는 논리이지만, 앨리스 밀러에 따르면 부모의 극단적인 아동학대가 히틀러와 그 지지자들을 낳고 전 세계적인 파괴 활동으로 귀결되었다. 그런 의미에서 (1)과 (2)는 직접적으로 연결되어 있다. 그리고 말할 필요도 없이 생텍쥐페리는 나치와의 싸움에 두 번 참전했으며 끝내 목숨을 잃기까지 했다. 생텍쥐페리의 말년 작품은 모두 이 싸움과 연관되어 있다. 그러므로 (2)의 주제가 암시하는 바는 아주 자연스러운 것이기도 하다.

마지막 (3)은 앨리스 밀러가 말하는 연쇄적 학대의 대물림과 연관되어 있다. 히틀러의 부친 알로이스는 자신이 유년 시절에 당한 부당한 폭력을 인식하지 못한 채 그것에 사로잡혀 있었다. 그 결과 아들에게 끝없는 폭력을 행사했다. 히틀러 역시 아버지로부터 받은 부당한 폭력을 인식하지 못하고 그 분노를 전 세계를 향해 표출하고 유태인을 철저하게 탄압했다.

이러한 대물림 현상은 자신이 받은 폭력을 인식하지 못함으로써 발생하는 것이다. 이때, '본질적인 것은 그것이 무엇이든 눈에는 보이지 않는다.'라는 말은 여우의 궤변과는 완전히 다른 의미를 갖는다. 본질적인 것, 다시 말해 자기 자신이 학대받고 있다는 사실이 보이지 않는 상태에 빠지면 그 사람은 강박관념에 휘둘리는 비겁한 인간이 되고 만다. 그러므로 학대의 대물림 현상을 멈추기 위해서는 본질을 꿰뚫어보는 용기가 필요한 것이다.

모럴 해러스먼트는 이러한 심성을 배경으로 발생한다. 이는 첫 번째 모자 그림처럼 꽁꽁 묶여 구속된 상태이다. 그리고 이 상황 자체는 외부에서 보면 아무 일도 없는 듯이 보인다. 그 결과 "어째서 모자가 무서운 거니?"라는 말이 나오는 것이다. 그러나 실제로 그 모자는 위험한 보아뱀이었으며, 게다가 그 배 속에서는 코끼리가 소화되고 있다. 이 사실을 꿰뚫어보기 위해서는 역시 용기가 필요하다.

외부에서 바라보는 이가 어떤 형태로든 모럴 해러스먼트를 당하고 있으면 이 사실이 눈에 보이지 않게 된다. 왜냐하면 모자가 보아뱀이라고 인정하는 순간, 자신이 보아뱀에 삼켜져 소화되고 있다는 사실을 받아들여야만 하기 때문이다. 때때로 인간은 이런 사실을 받아들이지 못한다. 부모로부터 받은 '사랑'이 사실은 가짜이며 실제로는 '학대'였다는 사실을 인정하는 것이 두렵기 때문이다.

앨리스 밀러는 세계가 이런 학대의 대물림으로 가득 차 있다는 점에서 인류 위기의 본질을 보았다. 그리하여 아이들을 지키는 것이 곧 세계를 구하는 길이라고 주장했다.

당연한 말이지만《어린왕자》의 주제는 '아이들이 가진 진실을 꿰뚫어보는 힘'이다. 이 주제에 대해서는 아직 언급하지 않았지만, 사실 모럴 해러스먼트는 이 주제와 밀접하게 연관되어 있다. 장미와 왕자, 여우의 관계를 주축으로 전개되는 지옥 같은 모럴 해러스먼트는 아이들이 가진 진실을 꿰뚫어보는 힘이 발휘될 때 비로소 타파할 수 있는 것이기 때문이다.

6

X 장군에게 보내는 편지

생텍쥐페리는 1943년 6월, 모로코의 미군 기지에서 X장군에게 보내는 편지를 썼다. 샴베 Chambe 장군이라 알려져 있지만 수신인이 누구인지는 별로 중요하지 않다. 이 편지는 결국 부쳐지지 않은 채 생텍쥐페리의 사후에 공개되었다.

《어린왕자》의 출판이 1943년 4월이란 점을 고려하면 이 편지와 《어린왕자》의 관계를 고찰하는 것은 꽤 타당한 일이다. 매우 밀접한 관계가 있어 보이기 때문이다. 이 장에서는 《어린왕자》에 대한 나의 해석과 〈X장군에게 보내는 편지〉가 얼마나 밀접하게 연관되어 있는지 살펴보고자 한다. 참고로 이 편지는 《생텍쥐페리》(1982)를 텍스트로 해서 내가 직접 번역했으며, 이 장에 나오는 인용구는 (X p. 337)처럼 원작의 페이지로 표기했다.

★★★

다카자네 야스노리는 〈생텍쥐페리가 X장군에게 보내는 편지의 특이성에 대하여〉(1993)라는 논문에서 이 편지가 '시대에 대한 생텍쥐페리의 증오와 슬픔'을 나타낸 것이라고 말하며 이렇게 지적했다.

이 증오와 슬픔은 숭고한 '논리와 윤리'의 관점에서 보면 대단히 뜻밖의 것으로 다가온다. 오늘날 우리들이 이 사실을 알 수 있는 것은 전장의 '수기'라 할 수 있는 〈X장군에게 보내는 편지〉(1943)를 그가 남겨둔 덕분이다. 만약 이 '수기'가 쓰이지 않았다면 생텍쥐페리는 언제나 변치 않는 쾌활함, 신뢰, 희망으로 가득 찬 비극의 영웅으로밖에 이해되지 못했을 것이다.

《어린왕자》를 다르게 이해하고 있는 내 입장에서는 생텍쥐페리가 '변치 않는 쾌활함, 신뢰, 희망으로 가득 찬' 사람이라는 그의 인식이 놀라울 따름이다. 그리고 동시대에 대한 증오와 슬픔을 드러낸 이 편지는 매우 자연스러운 것으로 느껴진다. 오히려 이 편지와 《어린왕자》 이외의 작품에서 나는 일종의 '오기' 같은 것, 다시 말해 무리해서 쾌활하게 보이려고 애쓰는 것이 아닌가 하는 인상을 받았다.

이 편지에서 생텍쥐페리가 증오하고 있는 '시대'란 이런 것
이다.

오늘날의 인간은 그가 속하는 계급에 따라 블롯 혹은 브릿지 게
임으로 온순하게 만들 수 있습니다. 우리들은 놀라울 정도로 아
주 잘 거세되어 있습니다. 그렇기 때문에 비로소 우리들은 자유
롭습니다. 손과 발을 잘리고 나서야 걸을 수 있는 자유가 주어집
니다. 나는 이 시대를 증오합니다. 인간은 '보편적 전체주의' 체
제 아래에서 온순하고 예의 바르고 얌전한 가축이 되어갑니다.
이를 도덕적 진보라고 세뇌당하고 있는 것입니다.(X p. 380)

블롯과 브릿지는 모두 트럼프 카드 게임이다. 이 편지를 처
음 일본어로 번역한 와타나베 가즈타미의 주석에 따르면, "프
랑스에서 블롯은 주로 서민들 사이에서, 브릿지는 중류 계급
이상의 사람들 사이에서 즐기는 놀이"라 한다. 그러므로 서민
에게는 블롯을, 중류 계급 이상의 사람들에게는 브릿지를 즐
기게 하면 모두가 온순하고 얌전해진다는 말이다.

"우리는 놀라울 정도로 아주 잘 거세되어 있습니다. 그렇기
때문에 비로소 우리들은 자유롭습니다." 이 말은 사람들이 이
제 카드 게임만으로도 온순하게 만들 수 있는 겁쟁이들이 되
었고, 겁쟁이라서 오히려 더 자유로워졌다는 말이다. 옛날 사

람들 같았으면 그리 쉽게 온순해지지 않았을 텐데 오늘날에는 그냥 내버려둬도 얌전하게 있다는 것이다. 이는 '거세당한' 것에 불과한데도 세뇌당한 사람들은 '도덕적 진보'라고 확신하고 있다. 이처럼 '인간의 가축화'가 현대의 특징이라고 생텍쥐페리는 생각했으며, 이를 증오하고 있는 것이다.

이런 생텍쥐페리의 묘사는 지금까지 되풀이하여 설명해온 모럴 해러스먼트 피해자가 직면한 상황과 일치한다. 그들은 자신들이 자유의사를 가지고 행동하고 있다고 확신하고 있지만 실제로는 학대자의 이익에 부합하는 방식으로 조종당하고 있을 뿐이다.

여기서 생텍쥐페리가 '보편적 전체주의'라고 한 것은 전 세계에 만연해 있는 모럴 해러스먼트적 체제라고 이해하는 것이 타당하다. 이는 나치즘을 포함한 세계 보편적인 구조이며, 여기에는 미국과 프랑스, 영국도 예외가 아니다.

이리하여 생텍쥐페리는 이렇게 말한다.

하지만 미국은 어디로 가게 될까요? 우리들 또한 어디로 가게 될까요? 이 보편적 기능주의 시대에? 로봇 인간, 흰개미 인간, 블롯과 부도Boudot식 체제의 사슬에 이어진 노동 사이를 왔다 갔다 하는 인간, 창조적 능력을 완전히 거세당해 마을 축제에서 춤과 노래를 창작하는 것조차 불가능해진 인간, 마른 풀밭에서 소

를 키우듯 기성품의 문화, 규격품의 문화로 길러지는 인간, 그것
이 오늘날의 인간입니다.(X p. 380)

와타나베 가즈타미에 따르면 부도식 체제란 '샤를 부도
(1888-1944)가 발명한 노동합리화 방식을 말하는데, 노동자의
능률이 가장 좋은 시간대로 시간표를 짜는 데 그 특징이 있다.
'보편적 기능주의'의 대표적인 예로 이 프랑스식 포드 시스템
이 제시된다. 현대 인간은 이 방식으로 관리되는 공장에서 사
슬에 묶인 듯이 일하고 밤에는 블롯 게임을 하며 기성품을 제
공받고는 온순해진다. 인간은 이제 이런 거세당한 황소 같은
동물이 되어버렸다고 생텍쥐페리는 보았다.

물론 이는 초기 단계입니다. 프랑스의 아이들 세대를 독일의 몰
로크 배 속에 넣는다는 생각은 절대 받아들일 수 없습니다. 존
재 그 자체가 위협받고 있기 때문이지요. 하지만 이것이 구제될
때, 우리가 사는 시대의 근본적 문제가 제기됩니다. 이는 인간의
의미에 대한 문제입니다. 답은 어디에서도 찾을 수 없으며, 저는
세상이 가장 어두운 시대를 향해 나아가고 있다는 인상마저 받
습니다.(X pp. 380-381)

몰로크란 성서에 나오는 가나안 지역에서 숭배되던 이교도

의 신으로, 아이들이 제물로 바쳐졌다고 한다. 독일의 몰로크란 나치를 의미하며, 생텍쥐페리는 독일과 싸우도록 프랑스인들을 격려하면서 동시에 미국에 참전을 촉구했다. 이를 위해 자신도 전장으로 나선 것이다.

하지만 생텍쥐페리는 프랑스가 독일로부터 해방된 새벽에야말로 진정한 문제가 부상한다고 생각했다. 이는 '인간의 의 미le sens de l'homme'에 대한 문제라고 한다. 그는 찾아올 승리 이후에 사태가 더욱 악화될 것이라 예상했으며, 그리하여 '세상이 가장 어두운 시대를 향해 나아가고 있다는 인상'을 받은 것이다.

만약 이런 혁명의 위기가 백 년간 지속된다면 전쟁에서 싸워 이기는 것이 무슨 의미가 있을까요? 독일 문제가 마침내 해결되었을 그때, 진정한 모든 문제가 시작될 것입니다. 종전에 즈음하여 1919년에는 미국 주식에 대한 투기 바람이 진정한 문제에 대한 인간의 걱정과 염려를 덜어주었습니다만 이번에는 결코 낙관할 수 없습니다.(X pp. 377-8)

생텍쥐페리는 문제의 본질이 인간의 숭고한 창조성이 상실되고 온순한 가축으로 전락하는 데 있다고 생각했다. 프랑스가 독일에 점령당한 사태조차도 이에 비하면 작은 문제에 불과하다는 것이다. 곧 찾아올 종전 이후 미국의 주식 투기 바람이 부추겨지면, 그것도 진정한 문제로부터 주의를 잠시 돌리는 방편에 불과할 뿐, 사람들의 문제의식을 기만할 수는 없을 거라고 했다.

그렇다면 이 '진정한 문제'란 무엇인가.

아아, 친애하는 장군이시여. 문제는 단 하나, 이 세상에 단 하나밖에 없습니다. 인간에게 영혼의 의미를 회복시키는 것입니다. 이 영혼이 갈망하는 것, 그레고리 성가와 같은 것을 사람들 머리에 빗방울이 떨어지듯 흩뿌려주는 것입니다.

(…)

오직 로봇에 의한 프로파간다의 목소리만 남아 있습니다. 20억 명의 사람들은 이젠 로봇의 말만 들을 수 있으며, 로봇밖에는 이해하지 못합니다. 그들은 로봇이 되고 있습니다. 지난 30년에 걸친 다툼의 모든 것에는 오직 두 가지 원천이 있습니다. 19세기 경제 시스템의 정체 상태. 그리고 영혼의 절망.(X p. 337)

'영혼의 절망'은 'Le désespoir spirituel'이다. 이 편지는 1943년에 쓰인 것으로, 여기서 말하는 지난 30년이란 1914년에 발발한 제1차 세계대전 이후의 시대를 가리킨다. 주목할 만한 부분은 경제 시스템의 정체와는 별개로 영혼의 절망이 다툼의 원인으로 제기되고 있다는 점이다. 이 영혼의 문제야말로 본질적인 것이며, 이를 해결하는 것이 무엇보다도 우선되어야 한다고 것이다.

문제는 오직 하나뿐입니다. 이는 지성보다 더 높은 곳에 영혼의 생명이 있음을 재발견하는 것입니다. 인간을 충족시켜줄 유일한 것. 그것은 종교 문제도 포함하고 있습니다. 종교적 삶은 영적인 삶의 한 형태에 불과합니다(아마 전자는 필연적으로 후자에 도달하겠지요).(X p. 337)

여기서 말하는 바는, 지성을 넘어설 뿐만 아니라 이른바 종교도 포함하는 지점에 그가 '영혼'이라고 부르는 것이 작동하며, 그것이 인류의 보편성을 담보하고 있다는 것이다. 그는 '지성'을 넘어선 차원에서 '영혼'을 보고 있으며, 그 토양 위에 필연적으로 '종교'가 성립한다고 생각한 것이다. 그리고 종교가 다르더라도 '영혼의 생명'은 모든 인간에게 보편적이라고 생각했다. 바로 그 때문에 칠흑 같은 어둠 속에서도 적군에게 말을 걸어 '길들이는' 행위가 가능하다고 믿은 것이다. 이것이 생텍쥐페리가 가진 낙관주의의 기반이었다고 나는 추정한다.

그렇다면 이 '영적인 삶'이란 도대체 어떤 것일까? 생텍쥐페리는 이렇게 설명한다.

어떤 대상을 그 구성 요소를 넘어 조망할 수 있을 때, 영혼의 생명은 시작됩니다. 자신이 뿌리 내린 공동체를 사랑하는 것—미국에서는 상상할 수 없는 사랑입니다—은 이미 영적인 삶입니다. 마을 축제나 죽은 자에 대한 공양(이를 예로 든 것은 제가 여기 오고 나서 공수대원 몇 명이 죽었는데 그 시체가 은폐되었기 때문입니다. 그들은 죽어서 '용도 폐기'로 처리된 것입니다), 이런 것을 상실한 곳은 미국뿐만이 아닙니다. 이 시대에 어디에서나 볼 수 있는 현상입니다. 인간은 이제 살아가는 의미를 잃어버렸습니다.(X p. 337)

'영적인 삶'이란 행복한 인간이 느끼는 보통의 감정적 작동으로, 이를테면 고향 마을의 축제와 죽은 조상이나 가족, 벗을 돌보는 일 같은 일상생활에서 느끼는 애착을 말한다. 이는 바로 '삶의 양식'이라 부르기에 충분한 것이다. 이런 것들을 잃어가고 있음을 생텍쥐페리는 두려워하고 있었다.

미군 기지를 '무시무시한 인간의 사막'이라 묘사한 후에 생텍쥐페리는 "저는 경험해본 적 없는 시대의 모습으로 인해 '병'이 났습니다"라고 말했다.(X p. 376) 그는 인간의 소박한 영적 삶이 점차 상품의 소비와 서비스의 향유로 대체되는 시대를 두려워했던 것이다. "사람은 냉장고, 카드게임, 십자낱말풀이로만 살아갈 수는 없습니다. 안 그런가요!"(X p. 377)

생텍쥐페리가 예전부터 이런 생각을 했던 것은 아니라고 한다. 1940년 가을에 자발적으로 참전한 전투에서 패배해 부대를 따라 북아프리카로 이동했다가 그곳에서 귀환할 때 깨달은 것이다. 여기서 생텍쥐페리는 휘발유가 없어서 자동차 대신 천막 마차를 타고 갔는데, 마차 창문을 통해 본 세계는 비행기와 자동차의 창문을 통해 본 세계와 완전히 다른 세계였다. 시속 130km 속도로 움직이는 것에 앉아 같은 간격으로 심겨진 가로수 길을 질주하는 대신 본래의 리듬으로 성장하는 올리브 나무들을 만난 것이다. 똥을 누는 양과 그 양에게 먹히는 풀을 만난 것이다. 이 놀라움에 대해 생텍쥐페리는 "다시 한 번 생명을 되찾은 느낌"이라고 표현하고 있다. 또한 비행기를 타고 세계의 이곳저곳을 돌며 글을 쓰던 자신이 어리석은 삶을 살아왔다고 고백한다.(X p. 376) 그리고 자기뿐만 아니라 인류의 태반이 비슷한 상황에 직면해 세계와의 접촉을 상실했다고 인식했다.

이 단절의 시대에는 사물과도 쉽게 단절될 수 있습니다. 냉장고는 다시 살 수 있지요. 집도 그렇습니다. 모두 부품의 집합체이기 때문입니다. 여자도 그렇습니다. 종교도 그렇습니다. 정당 또한 그렇습니다. 사람들은 이제 불성실한 행동도 하지 못합니다. 더 이상 불성실하게 행동할 여지가 남아 있기나 한 걸까요? 더

이상 멀어질 관계도, 불성실하게 행동할 여지도 없습니다. 인간의 사막.(X p. 379)

인간들의 모든 관계성이 약화되면서 더 이상 인간에게는 불성실하게 행동할 여지조차 남지 않게 되었다는 것이다.

여기서 생텍쥐페리는 눈에 보이지 않는 연결고리의 회복을 호소한다. 인간과 사물의 연결고리가 약해진 것이 생텍쥐페리에게는 문명 그 자체의 소멸로 인식된 것이다.

문명이 눈에 보이지 않는 연결고리란 것은 그것이 모든 사물에 관계하고 있기 때문이 아닙니다. 사물 하나하나를 이어주는 보이지 않는 연결고리와 관계하고 있기 때문입니다. 그 외의 설명 방식은 존재하지 않습니다. (X p. 380)

★ ★ ★

생텍쥐페리는 북아프리카에서 귀환하여 마차를 타고 가면서 동시대의 문명이 위기에 직면하고 있음을 발견했다. 문명이란 사람과 사물, 사람과 사람 사이의 눈에 보이지 않는 연결고리로 성립하는데, 많은 사람들이 이전의 생텍쥐페리와 마찬가지로 그 연결고리가 끊어져 있음을 깨닫지 못하고 있기 때문이다.

이를 깨닫지 못하는 이유는 사회 전체가 모럴 해러스먼트를 당하고 있기 때문이다. 사람들은 보아뱀에게 삼켜지면서도 온순하게 가만히 있는 코끼리처럼 되어버렸다. 손발을 잘려 걷지 못하게 되고서야 어디든 갈 수 있는 자유가 주어졌는데, 사람들은 그것으로 만족하고 있다. 부도식 체계가 도입된 공장에서 일하며, 일하지 않을 땐 표준화된 기성품을 소비하고 카드 게임이나 하며 시간을 보내고 있다. 공허한 데다 행복 따위는 느끼지 못하게 되었는데도 이조차 인식하지 못한다.

그리하여 생텍쥐페리는 아무리 독일에게 승리한다 해도 그 앞엔 더욱 어두운 세계가 기다리고 있다고 생각하여 두려워했다. 이를 절망적인 인간의 사막이라고 표현하면서 말이다.

그러므로 실천해야만 하는 것은 오직 하나, 바로 영적인 삶을 회복하는 것이다. 이는 특별한 일이 아니라 마을 축제와 죽은 이들에 대한 공양과 같은 일상생활에서의 기쁨과 슬픔의 감각을 회복하는 것이다.

그러나 이를 호소하는 편지를 쓴 생텍쥐페리는 편지 마지막 부분에서 이렇게 말한다.

제가 왜 당신에게 이런 이야기를 하는지 점점 더 모르겠습니다. 아마도 그저 누군가에게 말하고 싶었나 봅니다. 왜냐하면 이런 말을 할 권리는 제게 조금도 없기 때문입니다. 타인의 평화를 촉

진해야지 문제를 더 꼬이게 해선 안 됩니다. 지금 우리들은 기내에서 군용기의 회계 임무를 수행하는 편이 좋다고 생각합니다. (X p. 381)

군용기에서 회계 임무를 수행한다는 말은 생텍쥐페리가 청년 시절 타던 비행기와 달리 당시 그가 탑승하고 있던 'P38 라이트닝'의 조종이 회계장부를 다루는 일이나 다름없음을 뜻하는 말이다.

생텍쥐페리는 '영적인 삶을 회복하자'고 호소해봤자 그저 사람들을 혼란에 빠뜨릴 뿐 아무런 의미도 없음을 편지를 쓰는 도중에 깨달아버렸다. 차라리 얌전하게 군용기를 조종하고 있는 편이 낫다고 생각한 그는 결국 이 편지를 부치지 않았다.

생텍쥐페리는 '영혼의 회복'에 대한 답변을 《어린왕자》에서 제시하고 있다. 그것은 '그레고리 성가와 같은 것을 사람들 머리 위에 봄비처럼 흩뿌리는 일'이라고 말한 것처럼 애매한 것이 아니다. 그 답은 아이들의 영혼을 지키는 것이다. 어른들의 시각을 아이들에게 강요하는 것이 아닌, 어른들이 아이들의 시각을 되찾는 것이다.

그러나 왠지 생텍쥐페리는 이 편지에서는 이에 대해 언급하지 않고 있다. 아마도 생텍쥐페리 스스로 이 점을 의식적으로는 충분히 믿지 못하고 있었기 때문이 아닐까 싶다. 아동용 이

야기를 씀으로써 이 생각을 전할 수도 있었겠지만 X장군에게
이 편지를 썼을 당시에는 이 점이 의식의 선상에 오르지 못했
던 것이 아닐까 싶다.

이것이 어쩌면 앞서 5장에서 말한 생텍쥐페리의 '맹점'이
아닐까 하고 나는 생각한다. 다시 말해 그는 무의식적으로는
이 답을 알고 있으면서도 의식적으로는 확신하지 못하고 있었
다. 이것이 맹점이 된 것이다. 그러나 생텍쥐페리는 무의식이
인도하는 바를 소중히 여기며《어린왕자》라는 하나의 이야기
로 완성시켰다. 이 점이야말로 생텍쥐페리의 위대함이다.

★ ★ ★

이스라엘의 위대한 군사사상 연구자 아자 가트Azar Gat는《파
시스트와 자유주의자들의 전쟁관Fascist and Liberal Visions on War》
이란 훌륭한 책에서 파시즘의 본질을 이렇게 지적했다.

다시 말해 파시즘은 평민주의적, 자유주의적, 개인주의적, 상업
주의적이고 평범한, 그리고 관용적이고 도시적이며 대중적인 산
업화 사회에 대한 반발로서 탄생했다. 그들은 사회를 다원화하
는 의회주의, 자본주의, 사회주의에 반대하고 공동체적 통일에
따른 해결을 민족적 전통과 신화, 사상을 동원하여 실현하고자

한다. 단지 이를 복고주의적 수법이 아닌 신기술로 추진한다. 그러므로 그들은 기계 및 기술을 고도로 이용하며, 관료와 전문가들에게 지배되는, 전면적으로 조직화된 효율적 사회를 지향한다.(Gat 1998, p. 4, 6)

이리하여 파시즘은 오컬트적 이미지와 자동차나 비행기 같은 선진적 기계 이미지의 혼합물로서 성립한다. 그들은 특히 비행기를 가장 좋아한다.

비행기는 시공을 지배하고, 자연을 지배하고, 백인들이 끝없이 세계를 정복할 수 있도록 약속해준다. 이는 새로운 시대의 무시무시한 잠재력으로 친절하게 안내해주는 것만 같았다.(앞의 책, p. 47)

비행기의 힘으로 공동체를 통합한다는 도착적 분위기가 파시스트의 본질을 표현한다. 히틀러나 무솔리니도 항공기 이미지를 늘 활용했다.

다시 말해 새로운 파시스트의 시대를 기대하는 자들은 비행기와 비행 기술에 가장 열광하고 있었다. 양차 대전 기간 중 프랑스의 가장 유명한 비행사이자 소설가인 생텍쥐페리는 자신과 많은 친구들을 파시즘으로 이끌고 간 영혼의 절망spiritual yearning을 함께 경험했으면서도 이 증후군으로부터 빠져나왔다. 그의 '고난, 의무, 훈련, 희생의 규율은 전형적인 파시스트 비행사라는 혐의를 부여했다'고 인식되어왔다. 하지만 비행기에 대한 그의 개념은 본질적으로 '크리스천, 평화주의, 인간주의'의 방향으로 발전한 것이다.(앞의 책, p. 78)

사실 내가 생텍쥐페리에 흥미를 갖게 된 것은 십 년쯤 전에 가트의 이 문장을 읽었기 때문이었다. 확실히 《야간비행》은 파시스트에 대해 호의를 느끼게 하는 작품이다.

또한 〈X장군에게 보내는 편지〉에서도 '영혼'에 대해 자주 언급하며 촌락 공동체의 정신에 호의를 보이고 근대적 상업주의, 소비주의, 대중사회에 대한 혐오감을 노골적으로 드러내고 있다. 그럼에도 생텍쥐페리는 파시스트가 되지 않았다.

나는 그 이유가 생텍쥐페리가 《어린왕자》에서 명확히 보여주었듯이 '아이들의 세계'를 마음 한구석에 간직하고 있었기 때문이라 생각한다. 어떻게 그는 이 아이들의 세계를 잃지 않고 간직할 수 있었던 것일까?

생텍쥐페리 전기를 보면 그는 일찍이 아버지를 여의고 남자아이를 싫어하는 까다로운 조모 생텍쥐페리 백작 부인의 성에서 살았다. 또한 학교에서 엄격한 '어둠의 교육'을 받으면서도 어머니와 가정부에게 철저히 보호받았다. 어머니와의 관계는 지나칠 정도로 가까워서 '마마보이'였을지도 모른다는 인상마저 준다. 어쨌든 어머니가 유아기의 생텍쥐페리를 보호하려고 했던 것은 사실일 것이다. 나는 그의 전기를 여러 각도에서 읽어보았지만 어디에서도 생텍쥐페리가 아동학대의 피해자였다는 흔적은 찾을 수 없었다.

예를 들어 스테이시 쉬프의《생텍쥐페리의 일생》에는 이렇게 쓰여 있다.

> 친척들은 모두 생텍쥐페리 가문의 아이들이 너무 오냐오냐 크고 있다고 생각했다. 확실히 그들은 엄격한 가정교육을 받지 않았으며, 어머니가 조금이라도 엄격한 태도를 취하려 하면 가만히 있는 법이 없었다.(Schiff p. 50)

이는 학대를 받은 아이들에게는 결코 나타나지 않는 현상이다. 생텍쥐페리의 누나 시모느는 동생이 상상력이 풍부하고 의지가 굳세어 언제든지 자신이 하고 싶은 대로 하던 아이였다고 말한다.(앞의 책, p. 46)

쉬프는 생텍쥐페리의 어머니에 대해 이렇게 말한다.

마리 드 생텍쥐페리는 우리가 생각하는 어머니의 본보기를 구현한 것 같은 여성이었다. 주위를 배려하는 마음 하나만으로도 그녀의 지혜는 논리의 영역을 넘어서 있었다. 이는 선을 사랑하고 기르며 유지하는 지혜였다.(앞의 책, p. 48)

원래 전기 작가는 위인의 유년 시절을 과도하게 '행복한 것'으로 묘사하고 그의 어머니를 '훌륭한 여성'이었다고 띄우기 마련이지만, 그런 것을 감안하더라도 그의 어머니가 자녀를 학대하는 여성이라고는 생각하기 어렵다. 적어도 히틀러의 어린 시절을 둘러싼 폭력적이고 음울한 가정과는 완전히 다른 분위기 속에서 자란 것은 분명하다.

어머니와의 관계보다 더 끈끈하고 순수하게 그를 지지해준 것이 가정부와의 관계이다. 그가 가장 친밀하게 여기던 사람은 모와지 혹은 마드모아젤이라 불렸던 마그릿 샤페이이다. 폴 웹스터는 《어린왕자를 찾아서》에서 이렇게 말했다.

모와지는 이해력 부족한 어른들에 맞서 싸우는 남자아이의 편이 되어, 엉덩짝을 맞을 위기에 놓인 앙투안을 침대 밑에 숨겨주곤 했다. 그녀는 가정부라기보다는 아이들의 '수호신'이었다. 밤에 앙투안은 그녀의 방에 살그머니 들어와 와인에 절인 각설탕을 얻어먹곤 했다.

그녀는 볼이 사과처럼 빨간 전형적인 시골 처녀로 리옹의 제사 공장에서 하루 열 시간씩 혹독하게 일하다가 생 모리스 성의 하녀로 일하게 되었다. 성에 오는 친척 어른들은 돈놀이와 부동산, 종교에 대한 이야기밖에 하지 않았지만 모와지는 아이들에게 들꽃의 이름을 가르치거나 아이들을 데리고 잼 만들 과일을 따러 나가곤 했다.

모와지는 여리여리하고 작은 체구였는데, 앙투안은 금세 그녀보다 키가 커져서 그녀를 가볍게 들어 올려 흔들면서 자신이 먹고 싶은 메뉴를 만들어 달라고 조를 정도가 되었다. 모와지가 고향에 작은 집을 마련하는 일생의 꿈을 실현하고 나서는 앙투안이 그녀의 수호신이 될 차례였다. 생텍쥐페리는 그녀에게 주택 유지비를 보내주었으며, 1939년의 총동원령이 선포되기 직전까지 가능한 자주 그녀의 집에 들렀다. 둘은 서로가 공유하는 과거를 추억했으며, 모와지가 소중히 간직해오던 생 모리스 성의 사진이 들어 있는 상자를 열어 함께 보물찾기를 즐기기도 했다.(웹스터 1996, pp. 28-29)

또한 《전시 조종사》에 나오는 다른 가정부에 대한 다음 이야기도 중요하다고 생각한다.

나의 가장 오래된 기억? 티롤에서 온 폴라라는 가정부가 있었다.
아니, 이건 기억이 아니라 기억의 기억이다. 폴라는 내가 다섯
살이 됐을 때 우리 집 앞마당에서 이미 전설적인 존재였다. 수
년 동안 새해가 되면 엄마는 우리들에게 "폴라가 편지를 보냈
어!"라고 말했다. 아이들에게 그 편지는 큰 기쁨이었다. 하지만
어째서 그렇게 기뻤던 것일까? 우리들 중 아무도 폴라를 기억
하지 못했는데도 말이다. 그녀는 티롤에 있는 그녀의 고향으로
돌아갔다. 눈에 뒤덮인 기상대 같이 생긴 집. 맑은 날이면 폴라
는 문 근처로 나와 모습을 보여준다. (…) 내가 글을 쓸 수 있게
되자 폴라는 나에게 편지를 쓰게 했다. 나는 이렇게 썼다. '폴라
에게. 당신에게 편지를 쓸 수 있어 참으로 기쁩니다…' 이는 약
간 기도문 같았다. 왜냐하면 나는 폴라를 몰랐기 때문에.(Saint-
Exupéry 1942, pp. 134-135)

어째서 아이들은 그리도 기뻐했던 것일까? 폴라가 세상에 둘
도 없이 상냥한 사람이었기에, 그가 존재한다는 사실에 더할
나위 없는 든든함을 느끼고 안심할 수 있었기 때문이 아니었을
까? 앞서 말한 쉬프의 전기문에는 이렇게 쓰여 있다.

그의 조모와 두 누나는 1층에서 생활하고 있었으며, 4층이 아이
들과 가정부의 생활공간이었다. 폴라라는 오스트리아 여성이 이

잊기 어려운 두 해 동안 가정부로 일했다. 앙투안은 어렸을 때부터 고집이 셌다. 4층 창문에는 한밤중에 지붕으로 올라가지 못하도록 격자 모양의 판이 설치되어 있었다. 4층에서는 이리저리 도망 다니는 발소리가 끊이질 않았으며, 특히 목욕 시간이 되면 폴라와 후임자들은 때수건을 한 손에 들고 언성을 높이며 알몸으로 도망 다니는 아이들을 필사적으로 쫓아다녀야만 했다.

금발의 곱슬머리로 '태양왕'이라 불리던 앙투안은 절대적 권력을 처음 행사하는 순간을 시험하고 있었다. 옥좌도 있었다. 그가 소중히 여기던 작은 녹색 의자였다.(Schiff p. 44)

녹색 옥좌에 자세를 잡고 앉아 있는 절대 군주 앙투안 드 생텍쥐페리는 아주 어렸을 적 두 해에 걸쳐 폴라에게 신세를 졌다. 그는 어린 시절의 일을 잊어버렸지만 몸으로는 기억하고 있었을 것이다. 그렇기 때문에 폴라의 편지가 그토록 반가웠던 것이 아니었을까.

《전시 조종사》에서 폴라를 기억하는 장면은 무너져가는 프랑스군의 부조리한 명령에 따라 위험천만한 정찰 비행 임무를 수행하는 장면에서 등장한다. 게다가 저공비행이기 때문에 독일군의 맹렬한 대공 사격이 이루어지는 긴박한 상황이다. 그는 이 포화를 빠져나오는 중, 폴라에 대한 기억을 계속 떠올리며 무사히 목적지에 도착한 다음 이렇게 말한다.

절대적인 보호를 받고 있다는 감각을 되찾기 위해 나는 유아기의 기억까지 거슬러 올라갔다. (…) 전지전능한 폴라가 그 작은 손을 꼭 잡고 든든하게 지켜주고 있는 소년을 그 누가 해칠수 있겠는가. 폴라, 나는 당신의 그림자를 방패로 삼았다.(Saint-Exupéry 1942, p. 142)

이 위험천만한 순간에 전능한 폴라가 나타나 그를 지켜주고 용기를 준 에피소드는 생텍쥐페리가 어떤 유년기를 겪었는지 확실히 말해준다. 이는 히틀러의 절망적 유년기와는 정반대였다. 그가 파시스트가 되지 않을 수 있었던 것은 유년 시절의 가정부 모와지와 폴라 덕분이 아니었겠는가?

7

어른인 사람, 바오밥나무 그리고 양

지금까지 《어린왕자》에 대한 내 견해는 거의
설명했다. 여기서 글을 마무리해도 좋겠지만
간과한 몇 가지에 대해 아무런 언급 없이 끝내
는 것은 조금 찜찜한 느낌이 든다. 그래서 7장에서는 '어른인
사람', '바오밥나무', '양'에 대해 간략하게 논하고자 한다.

★ ★ ★

처음으로 논할 것은 '어른인 사람grande personne'이다. 구체적으
로는 '혹성 순방'에 나오는 소혹성의 기묘한 주민들과 지구에
서 만난 전철수와 약장수에 대한 이야기이다.

'혹성 순방'은 《어린왕자》에서 대단히 인기 있는 대목으로,
이를 《어린왕자》의 하이라이트로 보는 사람들도 많다. 나 역
시 '학대'에 주목하기 전에 좋아했던 대목이 이 부분이었다.

여기에 등장하는 왕, 자만심 강한 남자, 알코올 중독자, 비즈니스맨, 점등원은 〈X장군에게 보내는 편지〉에서 말하는 '인간의 사막'에 사는 주민들이다. 그들의 공통적인 특징은 세상과의 관계가 끊어졌다는 점이다.

왕은 자기 별을 찾아온 어린왕자를 '신하'로 인식한다. 어린왕자가 왕에게 무엇을 지배하고 있냐고 묻자 '모든 것'을 지배하고 있다고 대답한다. 왕은 오직 '지당한 명령'만을 내린다. 여기서 '지당한 명령'이란 이미 일어난 일, 일어날 것이 분명한 일을 하도록 명령하는 것을 의미한다. 왕자가 하품을 하자 "하품하라" 명령한다. 왕자가 앉고 싶다고 하자 "앉아라" 명령한다. 왕자가 떠나자 "떠나라"고 명령하더니 사신으로 임명한다.

왕이 지배하는 것에는 별의 운동도 포함되어 있기 때문에 왕자가 석양을 보고 싶다고 하면 곧바로 별에게 명령을 내린다. 단지 저녁이 될 때까지 기다리라는 조건을 붙여서. 이처럼 지당한 명령만을 내림으로써 왕은 항상 같은 방식으로 세상의 모든 것을 지배하고 있는 셈이 된다. 결국 그의 명령과 세계의 운동은 아무런 관계가 없다는 말이다.

자만심 강한 남자는 왕에 비하면 덜 기묘하다. 그는 왕과 마찬가지로 어린왕자가 오자 "날 칭송하는 사람이 왔구나" 하며 멋대로 인식한다. 그는 왕자에게 박수를 쳐달라고 부탁하는데, 왕자가 박수를 쳐주자 재미있는 동작을 보여준다. 이 한 부분만이 세계와의 관계가 발생하는 부분이다.

그는 자신이 이 별에서 가장 훌륭하다는 사실을 확인받는 것이 삶의 보람이다. 자만심 강한 남자의 별 또한 이 남자 외에는 아무도 살지 않으므로 결국 이 상태는 항상 성립하고 있다. 다시 말해 그 역시 세계와는 아무런 관계가 없는 것이다.

알코올 중독자는 약간 다른 측면이긴 하지만 역시 세계와 단절되어 있다. 그가 술을 마시는 것은 부끄러운 기억을 잊고 싶기 때문이다. 왕자가 무엇이 부끄럽냐고 묻자, "술을 마시는 일이 부끄럽지!" 하고 말한다. 다시 말해 그는 술을 마시는 일이 부끄러운데 이를 잊기 위해 술을 마시고 있다. 이는 완전한 자기 순환 운동으로, 외부 세계가 어떻게 돌아가든지 아무런 상관이 없다. 이 자체가 그의 존재 형태인 것이다.

참고로 나는 이런 식의 순환 관계가 세계와 생명을 이해하는 데 매우 중요하다는 것을 여러 저작물에서 언급해왔다. 학창 시절부터 이런 식의 순환 운동에 대해 고민해왔는데, 기억을 더듬어보면 이 문제와 처음으로 만난 것도 《어린왕자》에서 알코올 중독자와 왕자의 대화를 읽을 때였다. 나는 이 알코올 중독자에게 큰 은혜를 입은 셈이다.

비즈니스맨도 역시 세계와 상관없이 움직인다. 그가 하는 일은 별을 세어 기록하고 그 서류를 은행에 보관하는 것밖에 없다. 그렇게 해두면 무언가 이익이 발생한다는 듯이 말한다. 비즈니스맨은 결국 자기증식 운동을 하고 있는 것이다. 그가 아무리 열심히 일해도 별에게는 아무런 영향도 미치지 못한다. 그 또한 세계와 단절되어 있다. 그럼에도 그는 무척 바쁘다. 50년 넘도록 쉬지 않고 계산과 기록을 되풀이해왔다. 왕과 달리 비즈니스맨은 '지배'하지 않고 '소유'하고 있다고 말한다. 그러나 이 소유에는 왕자가 장미와 맺었던 것과 같은 상호관계성이 결여되어 있다.

어린왕자는 "이 사람의 이론은 알코올 중독자랑 비슷하구나" 하고 중얼거린다. 비즈니스맨의 무의미한 소유의 자기증식 운동이 알코올 중독자가 보이는 자기혐오의 자기증식 운동과 같은 구조임을 생텍쥐페리는 명확하게 인식하고 있는 것이다.

이 둘은 모두 중독에 빠져 있다. 여기서 중독이란 어떤 행위를 하면 뇌 안에서 쾌감을 느끼는 회로가 작동하여 그 행위를 다시 촉진하는 뇌의 기본적 성질과 연관되어 있다. 이 회로를 약물 투여처럼 손쉬운 방법으로 자극하면 쉽게 쾌감을 느낄 수 있다. 하지만 이 행위가 되풀이되면 내성이 생겨 쾌감의 강도가 점점 낮아지기 때문에, 같은 쾌감을 얻기 위해서는 보다 강한 자극을 필요로 하게 된다. 이런 식으로 더욱 이 행위에 지배되기 시작한다. 중독의 이 자기증식성은 비즈니스맨으로 대표되는 자본주의의 자기증식성과 본질적으로 연관되어 있다고 생텍쥐페리는 본 것이다.

다음 별에서 만난 점등원은 '어른인 사람' 중에서 그나마 조금 상태가 나은 사람이다. 그가 가로등을 켜거나 끌 때마다 별의 모습이 다르게 보이기 때문이다. 점등원은 의미 있는 일을 하고 있었던 것이다.

하지만 세계가 부도식 체제로 굴러가면서 그의 일은 의미를 잃어버렸다. 그리하여 가로등을 1분에 한 번 켰다 껐다 하는 아무런 의미도 없는 작업에 시간을 전부 빼앗겼으며, 인생의 의미 또한 상실해버린 것이다.

노동자 계급을 상징하는 이 인물에게 어린왕자는 대단히 동정적인 입장을 취한다. 하지만 점등원은 이런 무의미한 명령을 고분고분 따름으로써 다른 사람들과 마찬가지로 세계와의 연결고리를 잃고 단절되었다.

그럼에도 이 별을 떠날 때 왕자는 이렇게 회상한다. '하지만 이 사람은 내가 우스꽝스럽다고 생각하지 않는 유일한 사람이야. 이는 아마도 이 사람이 자기와 다른 무언가와 연결되는 접점을 가지고 있기 때문이겠지.C'est, peut-être, parce qu'il s'occupe d'autre chose que de soi-même.'

's'occupe de…'는 불일 사전에 따르면 다음과 같은 뜻이다.

① (업무 등)에 전념하다. 종사하다.

② (특정 사람이나 사물)에 관계하다. 관심을 가지다. ~를 떠
   맡다. ~를 돌보다.
③ (학문 등이) ~를 다루다. 대상으로 삼다.

이 문장에서 de의 뒤에는 'autre chose que de soi-même'라고
나온다. '자기 자신과는 다른 무언가'란 의미이다.

그렇다면 ①과 ③의 의미일 경우 '자기 자신과는 다른 무언
가에 전념하다/~를 다루다'란 의미가 되는데, 이래서는 의미
가 성립하지 않는다. 왜냐하면 예를 들어 비즈니스맨은 자기
자신과는 다른 '별'에 전념하며 별을 다루고 있기 때문에 이래
서는 점등원과 본질적으로 차이가 없게 된다.

그러므로 이 문장은 ②의 의미인 '~에 관계하다, 관심을 가
지다, ~를 떠맡다, ~를 돌보다'라고 해석해야 한다. 이 해석이
라면 '자기 자신과는 다른 무언가에 관계하다, 그것을 돌보다'
라는 의미가 된다. 여기서 비즈니스맨은 별과 관계하지 않을
뿐만 아니라 돌보지도 않고 있기 때문에, 가로등과 관계를 맺
고 돌보는 점등원과 본질적인 차이가 발생한다.

다시 말해 점등원이 다른 '어른인 사람'과 구별되는 점은 기
묘하고 비합리적인 방식이긴 해도 미미하게나마 세계와 연관
된 접점을 유지하고 있다는 점이다. 생텍쥐페리는 혹성 순방
장면을 통해 세계와 단절되는 현상을 엄중히 비판하고 있는

것이다.

순방 마지막에 나오는 지리학자는 꽤 멋진 별에 살고 있는데, 그 역시 세계와 단절되어 있다. 왕자는 이 별에 바다, 산, 마을, 강, 사막 등이 있는지 묻는데, 지리학자는 어떤 질문에도 일관된 태도로 "나는 그따위 것들에 대해서는 모른다"고 당당하게 대답한다.

자신이 살고 있는 별에 대해서조차 모르는 이유는 자신이 지리학자이지 모험가가 아니기 때문이라고 말한다. 게다가 "내가 사는 곳에는 모험가가 너무 부족하다"고도 한다. 그리고는 "마을과 강, 산, 바다, 사막을 가르치러 다니는 일은 지리학자의 일이 아니다"라고 한다.

이처럼 세계와 관계를 맺는 행위는 전부 '모험가'들에게 떠맡기고 지리학자는 그들의 이야기를 듣고 기록만 할 뿐이다. '영원한 진리'라는 것을 추구하는 과정에서 실제로 움직이고 변화하는 세계로부터 단절되어버린 것이다.

〈X장군에게 보내는 편지〉에서 인용했던 구절을 다시 보자. '혹성 순방'에서 묘사된 것은 바로 이런 세계이다.

하지만 미국은 어디로 가게 될까요? 우리들 또한 어디로 가게 될까요? 이 보편적 기능주의 시대에? 로봇 인간, 흰개미 인간, 블롯과 부도식 체제의 사슬에 이어진 노동 사이를 왔다 갔다 하는 인간, 창조적 능력을 완전히 거세당해 마을 축제에서 춤과 노래를 창작하는 것조차 불가능해진 인간, 마른 풀밭에서 소를 키우듯 기성품의 문화, 규격품의 문화로 길러지는 인간, 그것이 오늘날의 인간입니다.(X p. 380)

혹성 순방 장면은 이런 세계에 대한 일종의 경고문으로 받아들이는 것이 타당하다고 본다.

★ ★ ★

혹성 순방에 이어 지구에서도 왕자는 두 명의 '어른인 사람'과 만난다. 한 명은 제22장에 나오는 전철수인데, 혹성 순방길에 만난 사람들에 비해 대단히 '정상'인 사람이다. 그는 열차의 진행 방향을 조정하는 업무를 평범하게 수행하면서 왕자와도 매끄럽게 대화를 이어나간다.

여기서 주목해야 할 '어른인 사람'은 전철수가 아니라 특급열차의 승객들이다. 분주하게 들어왔다 떠나는 특급열차를 보고 왕자는 승객들이 무언가를 찾기 위해 바쁜 것이냐고 묻는다. 그러자 전철수는 특급열차의 승객들은 자기가 무엇을 찾고 있는지 자신조차 모른다고 대답한다. 그리고 창문에 코를 들이밀고 있는 아이들만이 무엇을 좇고 있는지 알고 있다고 지적한다.

다시 말해 왠지 전철수는 '어른인 사람'이 아닌 것이다. 그와 왕자 사이에 이루어지는 대화는 비행사와의 대화에 가깝다. 이 에피소드는 이후 본문 전개와는 거의 아무런 관계가 없다. 제25장에서 우물에 도착한 왕자가 "사람들은 특급열차를 타지만 자기들이 무엇을 찾고 있는지도 몰라. 아아. 그들은 바쁘게는 움직이지만 빙빙 돌며… 헛수고를 하고 있어"라고 갑자기 말한다. 이 말의 전제로서 제22장이 필요하긴 하지만 이 말은 이야기 전개와는 아무런 관계가 없다.

여기서 전철수 같은 인물이 갑자기 등장한 이유는 이야기 자체에 입각해서는 이해하기 어렵다. 한 가지 가능성은 전철수의 말이 《어린왕자》이야기를 이해하는 데 힌트가 되고 있다는 점일 것이다. 전철수가 한 말의 요점을 정리하면 이렇다.

(1) 사람들은 자신이 무엇을 찾고 있는지 모른다.
(2) 이 사람들은 모두 자신이 있는 곳이 마음에 들지 않아 어딘가로 이동하고 있다.
(3) 모두 달리는 열차 안에서 자고 있거나 하품을 하고 있다.
(4) 아이들만이 무엇을 찾고 있는지 알고 있으며, 그런 아이들은 행운아다.

이런 논점은《어린왕자》를 이해하는 데 확실히 도움이 된다.

우선 (1)과 (2)는 말할 필요도 없이 생텍쥐페리가 우려한 보편적 기능주의 시대의 양상이다. 앞서 재인용한 〈X장군에게 보내는 편지〉에서 '블롯과 부도식 체제의 사슬에 이어진 노동 사이를 왔다 갔다 하는 인간'이란 표현은 특급열차에서 맹목적으로 왔다 갔다 하는 인간상과 오버랩된다.

또한 사람들이 무엇을 찾고 있는지 모르고 있는 것은 '마른 풀밭에서 소를 키우듯 기성품의 문화, 규격품의 문화로 길러지는 인간'으로 전락해버렸기 때문이다. 인간이 정말로 만족할 수 있는 것은 스스로의 창조적 능력을 발휘할 때인데, 보편적 기능주의 시대의 인간은 '창조적 능력을 완전히 거세당해' 모두 무엇을 찾고 있는지도 모른 채 살아간다는 것이다.

심지어 사람들은 자신이 폭주하는 특급열차에 타고 있다는 사실조차도 깨닫지 못하고 있다. 〈X장군에게 보내는 편지〉의 한 대목이 이에 대해 말해준다.

나는 이 시대를 증오합니다. 여기서 인간은 '보편적 전체주의' 체제 아래 온화하고 예의 바르고 얌전한 가축이 되어갑니다.

사람들이 얌전하게 잠들거나 하품하고 있는 사이 특급열차는 무시무시한 속도로 어딘지도 모르는 곳을 향해 달려간다는 것, 이 공포를 마음속 깊이 느낀 생텍쥐페리는 이를 글로 표현하지 않고는 견디기 어려웠던 것이다.

그리고 나아가, 생텍쥐페리는 아마 의도하지 않았을 것 같은데, (1)과 (2)가 어린왕자에게도 해당한다는 데 주목할 필요가 있다.

어린왕자는 자신이 무엇을 위해 여행을 하고 있는지, 무엇을 찾고 있는지 전혀 모르고 있다. 그는 자신의 별에 더 이상 있을 수 없어 방랑하고 있는데, 어째서 자신의 별을 떠났는지조차 모르고 있다. 오히려 무엇을 위해 여행하고 있는지를 알기 위해 여행을 하고 있는 상황이다. 이는 학대 피해자의 정신 상태를 정확히 표현하고 있다고 나는 생각한다.

이를 '해명'해 보여주는 것이 사막여우이다. '장미'에 대한 죄책감에 기인하는 책임을 끝까지 지는 것이 왕자의 사명인데, 그 사명을 알아내기 위해 여행하고 있다는 이야기이다. 이리하여 왕자는 파멸로 몰리게 된다. 이는 파멸로 향하는 보편적 전체주의 시대 그 자체에 대한 경고이기도 하다.

약장수는 단 세 문단밖에 없는 제23장에 잠깐 나온다. 한 알만 먹으면 일주일 동안 갈증을 느끼지 않는다는 이상한 약을 팔고 있다. 그런 약이 필요한 이유는 일주일 동안 53분의 시간을 절약할 수 있기 때문이라고 한다. 이런 약을 먹으면 수분 부족으로 죽을 게 틀림없는 일이므로 약장수는 전철수와 달리

이상한 '어른인 사람'이다.

이 약장수도 이후의 이야기 전개와는 거의 관계가 없기 때문에 도대체 왜 이 타이밍에 등장했는지 이해하기 어렵다. 이런 엉터리 약이 부도식, 포드식 일터에서 일하는 데, 다시 말해 컨베이어 벨트 앞에 서서 작업하는 데 유용하다는 지적일 것이다. 이 역시 보편적 전체주의 및 기능주의 시대에 대한 경고로 볼 수 있다.

★ ★ ★

바오밥나무는 《어린왕자》에서 중요한 역할을 맡고 있다. 애당초 생텍쥐페리가 가장 공들여 그린 것이 세 그루의 바오밥나무 그림이라고도 하니 중요한 존재인 것은 분명하다.

제5장에서 생텍쥐페리는 바오밥나무의 위험성에 대해 비행사의 입을 빌려 이렇게 말한다.

그리고 어린왕자의 혹성에는 다른 혹성도 그렇듯이 좋은 풀과 나쁜 풀이 있다. 그러므로 좋은 풀의 씨앗과 나쁜 풀의 씨앗이 있다. 하지만 씨앗은 눈에 보이지 않는다. 씨앗이 어느 날 눈을 뜨고 지상으로 올라오기 전까지는 땅 속 깊숙한 곳에서 잠들어 있다. (…) 그리고 씨앗은 처음엔 쭈뼛쭈뼛 태양을 향해 아주 앙

증맞고 해롭지 않아 보이는 작은 싹을 틔운다. 만약 이것이 무나 장미의 싹이라면 그대로 자라게 놔두면 된다. 하지만 이것이 나쁜 식물이면 곧바로 뿌리째 뽑아버려야만 한다. 왕자의 혹성에서 주의해야 할 씨앗은 바오밥나무의 씨앗이다. 이 혹성의 토양에는 바오밥나무 씨앗이 여기저기 흩어져 있다. 만약 조금이라도 늦게 손을 쓰면 나중에는 손을 쓸 수 없게 된다. 바오밥나무는 혹성을 점령해서는 뿌리로 혹성에 구멍을 뚫는다. 만약 작은 혹성에 바오밥나무가 너무 많아지면 혹성이 파괴되고 만다.

이리하여 비행사는 게으름뱅이가 방치한 바람에 세 그루 바오밥나무에게 점령되어 황폐화된 별 그림을 열심히 그린다. 바오밥나무의 위험성이 세간에 잘 알려지지 않아 비행사 자신도 그간 모르고 지내왔기 때문에 이제라도 그 위험성을 알리기 위해 그림을 그린다고 한다. 비행사는 "아이들이여, 바오밥나무에 주의하길!" 하고 외친다.

그렇다면 이 바오밥나무는 과연 무엇을 의미하는 것일까? 폴 무니에는 《어린왕자의 가르침》(후지노 구니오 역, 2007)에서 이렇게 말한다.

어떤 별에도 좋은 씨앗과 나쁜 씨앗이 있고, 따라서 좋은 풀과 나쁜 풀이 있다. 마찬가지로 어떤 사람에게나 좋은 씨앗, 좋은 풀이 있다. 사람에게는 재능, 장점, 능력, 가치, 소질이 잘 섞여 있어 이는 귀중한 개성이 된다. 나쁜 씨앗과 나쁜 풀은 불안정함, 불안, 결점, 한계, 자기중심적 경향 등이다.

무기력함, 게으름, 칠칠치 못함 같은 것으로 인해 나쁜 씨앗 한 톨이 싹을 틔운다. 이렇게 되면 처치 곤란한 짙은 어둠이 스멀스멀 찾아와 힘을 키워서는 좋은 풀과 다툼을 벌인다. 부족한 점, 불완전함, 결점 등이 표면에 나타나 점점 확산되어간다. 나쁜 풀을 발견했을 때 그 즉시 제거하지 않으면 이런 결과가 찾아온다. (pp. 58-60)

아마 《어린왕자》의 내용을 표면적으로 이해하면 이런 해석이 되지 않을까 싶다.

하지만 이런 식의 사고방식은 모튼 샤츠만이 말하는 슈레버 류의 '영혼의 살인'의 사상적 기반과 동일한 것이다. 샤츠만이 인용한 슈레버 교육의 기본 이념은 이런 것이다.

인간 본성의 고귀한 씨앗은 그 순수함 안에서 대부분이 스스로 훌륭하게 싹을 틔우는 법이다. 하지만 이 과정에서 부실한 씨앗과 잡초를 찾아 늦지 않게 제거해야만 한다. 제거할 때는 피도 눈물도 없이 단호히 제거해야만 한다. 아이들의 못된 성격이 알아서 사라질 거라고 기대하며 안이하게 생각하는 것은 대단히 위험하고 자주 범하는 실수이다. 정신적 결함 가운데 모난 부분은 자라면서 약간 뭉툭해질 수도 있지만 이를 그대로 방치하면 뿌리는 더욱 깊이 파고들어가 독을 품고 땅속을 헤집고 다닐 것이다. 이리하여 고귀한 생명을 가진 나무는 마땅히 나아갈 방향으로 성장하지 못하게 된다. 아이들의 못된 행동은 어른이 되면 심각한 인격적 결함이 되어 악랄하고 열등한 방향으로 나아간다. (…) 아이들 안에 있는 쓸데없는 부분을 모두 억압하고 멀리하게 함으로써 아이들이 알아서 옳은 방향으로 인내심 있게 나아가게 할 수 있다. 이를 위해 아이들을 결코 방치해서는 안 된다.(Schatzman 1975, pp. 32-33)

슈레버는 이렇게 생각하고는 괴상한 교정기구를 개발하여 자기 자녀의 인격을 파괴했다. 아들 파울 슈레버는 이를 내면화하여 자신을 스스로 감시하며 나쁜 씨앗이 싹을 틔우면 곧바로 제거하는 태도를 체득한 결과 정신분열을 일으켰다.

슈레버 같은 인물을 샤츠만은 '편집증 유발자paranoidogenic person'라고 부른다.

타인에게 편집증 상태를 일으키는 사람을 편집증 유발자라 부르겠다. 내가 믿는 바에 따르면, 이런 사람은 자기 존재의 어떤 가능성을 공격하고 또한 이에 의해 공격을 당한다(이 경우, 능동과 수동은 구별하기 어렵다). 이를 악으로 간주하여 타인 '안'에 있는 이것을 파괴하려 하는 사람이 편집증 유발자이다. 그 파괴의 과정은 다음과 같다.(앞의 책, pp. 179-180)

1. 자신의 일부, '그것'을 나쁜(혹은 미쳐 있는, 외설적인, 불순한, 더러운, 위험한 등) 것으로 간주한다.
2. '그것'을 파괴하지 않으면 자신이 '그것'에 의해 파괴당할 것이라고 두려워한다.
3. '그것'이 자신의 일부임을 부인함으로써 '그것'을 파괴한다.
4. 무언가 부인했다는 사실을 부인하고 그것을 또 부인한다.
5. 타인 안에 있는 '그것'을 발견한다.
6. 타인 안의 '그것'을 파괴하지 않으면 그것이 타인 혹은 자신을 파괴할 것이라고 두려워한다.
7. '그것'이 있다고 여겨지는 타인을 파괴했다 하더라도 다시 자신 안에 있는 '그것'을 파괴할 수단을 강구한다.

슈레버의 부친은 최고의 편집증 유발자였다고 샤츠만은 지적한다. 앞서 인용한 폴 무니에는 이 편집증 유발자의 메커니즘을 정면에서 인정하고 있다. 이는 바로 파시스트 혹은 파시스트 유발자의 사상이다.

만약 바오밥나무의 일화를 이렇게 해석한다면 생텍쥐페리가 파시스트라는 비판을 받아들여야만 한다. 하지만 이전 장의 논의에서 명확히 밝혔듯이 생텍쥐페리는 파시스트가 아니다.

한편 츠카자키가 세 그루의 바오밥나무는 2차 세계대전 당시 추축국인 독일, 이탈리아, 일본을 가리킨다고 한 주장(1982, pp. 13-18)은 유명하다. 하지만 그의 논의는 많은 오류를 포함하고 있으며, 그대로 받아들이기엔 어려움이 있다. 게다가 생텍쥐페리가 이 책을 썼을 당시에는 독일과 이탈리아, 일본이 이미 사납게 폭주하던 시대였으므로 이 세 나라의 위험성은 누가 봐도 분명한 것이었다. 따라서 츠카자키의 해석도 '아무도 모르고 있기 때문에 필사적으로 호소하겠다'는 비행사의 말과 앞뒤가 맞지 않는다. 이 부분에 대해 미즈모토 히로부미는 이렇게 지적한다.

《어린왕자》가 집필되던 시기는 1942년이며, 이는 2차 세계대전이 4년째 접어들던 때였다. 이 시기에는 미국을 포함해 세계의 주요 국가들이 연합국과 추축국으로 나뉘어 치열한 전투를 벌이고 있었으므로 독일, 이탈리아, 일본의 위협은 이미 현실적인 것으로 다가오던 시기였다.

비행사의 친구들이 독일군에게 나라를 빼앗긴 프랑스 국민, 추축국에 맞서 싸우는 연합국 사람들, 그리고 아이들을 가리키는 것이라면 그들이 바오밥나무로 상징되는 추축국의 위험성을 모

르는 상태로 위험에 빠지기 직전이라고 인식하는 것은 타당하지 않다.(水本弘文 2002, pp. 58-59)

그리고 미즈모토는 '생텍쥐페리가 암시한 것은 단순히 구체화된 파시즘의 위협이 아니라 더욱 보편적인 것'이라고 지적하며 이렇게 주장했다.

적에 대한 증오와 모멸, 그리고 공포. 이런 감정이 자신 안에서 자라나고 있는데도 아무런 의심도 하지 않고 그냥 두게 되면, 나중에 이를 알아차렸을 때는 생각지도 못한 잔학한 자신이 태어나버릴지도 모른다. 정의를 구실로 무자비하게 타인을 공격하고 탄압하며 사람들의 운명을 자신의 손으로 좌우하는 기쁨에 도취한 인간이 되어 있을지도 모른다. 하나하나 나열하면 끝이 없을 정도로 바오밥나무는 얼마든지 발견할 수 있을 것이다.(앞의 책, p. 63)

다시 말해 바오밥나무란 우리 마음에 둥지를 튼, 그리고 파시즘으로 귀결될 법한 증오, 모멸, 공포의 감정이라는 말이다.

미즈모토의 주장은 일견 타당한 것으로 보인다. 하지만 이 논리 구조는 슈레버가 말하고 있는 것과 아무런 차이가 없다. 편집증 유발자의 메커니즘에 나오는 '그것'에 '적에 대한 증오와 모멸, 그리고 공포'를 대입한 것일 뿐이기 때문이다. 이 메커니즘 자체가 파시즘을 낳는 것이라면 '그것'에 아무리 훌륭한 개념이 대입된다 해도 결과는 마찬가지다.

나는 바오밥나무가 이 편집증 유발자 메커니즘 그 자체를 가리키는 것이라고 생각한다. 편집증 유발자의 메커니즘에서 벗어나기 위해 중요한 것은 바오밥나무를 자신의 내면적인 무언가로 간주하지 않는 데 있다. 그렇게 생각해버리면 필연적으로 편집증 유발자가 되고 만다. 자신 안의 '그것'을 파괴하려 하는 자는 타인의 '그것'도 파괴하려고 한다. 결국 유발자에게 '그것'을 파괴당한 자는 자신도 편집증 유발자가 되어버린다. 샤츠만의 '능동과 수동은 구별하기 어렵다'는 지적은 이런 측면도 설명하고 있다. 흡혈귀에 피를 빨린 사람이 흡혈귀가 되듯이, 자기증식 작용으로 인해 전 세계는 편집증 유발자로 뒤덮여버릴 우려가 있다. 편집증 유발자는 바오밥나무처럼 급속하게 퍼져 혹성을 파멸시킬 수도 있다.

가장 효율적인 편집증 유발자는 다름 아닌 부모다. 아이는 부모의 폭력에 대단히 취약하기 때문이다. 이런 식으로 부모 자식 사이에서 학대가 연쇄적으로 일어난다. 이것이 사회악의 근원이라는 것이 앨리스 밀러의 사상이다.

생텍쥐페리는 〈X장군에게 보내는 편지〉에서 말했듯이 전투에서 패배하고 연료가 고갈되어 어쩔 수 없이 마차에 올라

탄 날, 이런 사태를 마침내 인식하게 된 것이다. 나치가 휘두르는 단순명료한 폭력뿐만 아니라 미국 문화로 대표될 법한 인간의 가축화, 사막화라는 심각하고도 보이지 않는 폭력의 사슬이 사회를 뒤덮고 있음을 말이다. 생텍쥐페리는 아무도 알아차리지 못한 이 위기에 두려워 떨고 있었던 것이다.

이것이 그가 뒤늦게 인식하게 된, 그리고 많은 사람들이 전혀 인식하지 못하고 있는 위기라는 점을 고려하면, '바오밥나무'가 바로 이 문제를 뜻하는 것이라고 나는 생각난다.

하지만 여전히 수수께끼는 남아 있다. 어째서 바오밥나무 그림이 다른 그림에 비해 유난히 더 완성도가 높은가 하는 문제이다. 이 물음에 곧바로 답하기는 어렵지만 나는 바오밥나무의 존재 구조가 이중적으로 되어 있다고 생각한다.

위험하고 퇴치해야 할 존재인 바오밥나무는 어떤 그림보다 공들여 그려졌을 뿐만 아니라 생기가 돈다. 바오밥나무가 자라지 않는 메마른 어린왕자의 혹성에 비해 바오밥나무가 자란 혹성의 모습이 더욱 아름다워 보인다. 나는 이 부분에서 '바오밥나무는 도대체 무엇일까'라는 의문을 품게 되었다. 여기서 비행사는 어째서 이 그림을 다른 그림에 비해 더 정교하게 그렸는지에 대해 설명해야 할 상황에 놓인다.

처음에 나는 이 생명력 넘치는 세 그루의 바오밥나무가 '영혼의 생명' 그 자체를 표현하고 있는 것이 아닐까 하고 생각했다. 왜냐하면 편집증 유발자가 느끼는 '그것'이란 생텍쥐페리가 〈X장군에게 보내는 편지〉에서 쓴 '영혼의 생명'을 가리키기 때문이다. 그들은 외부적인 규범을 자신과 타인에게 적용하면서 그 규범에서 삐져나온 것을 '그것'으로 인식한다. 그리고 그 '영혼의 생명'을 짓밟아버리고는 글로 표현할 수 있는 다른 무언가로 치환하려고 한다. 이를 체계적으로 그리고 철저하게 폭력적으로 실행에 옮긴 사람이 바로 모리츠 슈레버이다.

이러한 슈레버의 관점에서 보면 생명력 넘치는 '영혼의 생명'이야말로 '그것'을 대표하는 것이다. '그것'을 상징하는 바오밥나무는 외설적이고 불순하며 더럽고 위험한 것이다.

이렇게 해석하면 바오밥나무의 싹을 꼼꼼히 뽑아버리는 왕자의 행동은 다름 아닌 편집증 유발자의 행동이라는 이야기가 된다. 이는 어린왕자 자신이 장미의 모럴 해러스먼트에 쉽사리 당할 정도로 나약한 존재라는 점과 맞아 떨어지는 해석이다. 그리고 이런 부분을 암시하기 위해 세 그루의 바오밥나무가 그려졌다는 이야기가 된다.

이렇게 생각해보면 바오밥나무야말로 '생명의 나무'라는 결론에 이른다. 이는 바오밥나무가 '편집증 유발자 메커니즘'을 상징하고 있다는 해석과 모순 관계에 놓인다. 이런 의미에서 바오밥나무는 모순된 정반대의 두 존재를 동시에 상징하고 있는 것이 된다.

이 모순은 앞서 언급한 '길들이기'의 이중성에 대응한다고 해석할 수도 있다. 다시 말해 생텍쥐페리는 칠흑 같은 어둠 속에서 적진을 향해 다리를 놓는 용기 있는 '길들이기'와 왕자와 장미의 관계를 나타내는 '길들이기'를 혼동해버린 것이다. 이에 대응하여 '영혼의 생명'을 상징하는 바오밥나무와 '편집증 유발자 메커니즘'을 상징하는 바오밥나무를 오버랩시켜버린 것이 아닐까. 그리고 이 모순에 의해 《어린왕자》는 여러 각도로 해석될 수 있는 다양성을 갖추어 대단히 매력적인 문학 작품으로 탄생한 것이다.

★ ★ ★

이와 유사한 수수께끼가 '양'에서도 나타난다. 양은 스토리와 거의 관계가 없음에도 묘하게 꽤 많은 분량을 차지하고 있다. 여기엔 어떤 의미가 숨어 있는 것일까?

양의 존재는 사실 심각한 구조적 문제를 내포하고 있다. 후지타 요시타카(2008)는 이에 대해 중요한 지적을 한다. 양은 이야기의 줄거리를 합리적, 일원적으로 해석할 수 없도록 만드는 '함정' 같은 역할을 하고 있다고 말이다.

《어린왕자》에서 양은 제대로 그려진 장면이 없다. 한 번 나오긴 하지만 거의 엉터리에 가까운 그림이다. 비행사가 왕자에게 그려준 것은 상자이며, 왕자가 상자 안을 들여다보고는 안에 양이 있음을 확인했다는 것이 양이라는 존재의 유일한 실마리다. 이처럼 양이 '이야기 속 허구'라는 이중의 허구성을 지니고 있다는 점이 중요하다.

《어린왕자》는 비행사가 왕자를 실제로 만났다는 설정으로 전개된다. 일단 이 설정을 받아들이지 않으면 독자는 이야기 속으로 빠져들 수 없다. 그리고 이 설정을 받아들인다면 왕자는 이야기 속에 실재한다. 하지만 어린왕자의 존재를 인정한다 해도 이야기 안에서 상자만 그려져 있는 양은 실재하지 않는다. 이는 자명한 사실이다. 이는 왕자와 양이 실재성에서 이미 다른 수준에 있다는 말이 된다.

하지만 비행사는 제27장에서 이렇게 말한다.

그런데 그만 큰일이 일어났다. 내가 어린왕자에게 부리망을 그려주었을 때 가죽끈을 깜빡하고 그리지 않은 것이다. 왕자는 양에게 부리망을 씌워주지 못했을 것이다. 그후로 나는 늘 그 일이 걱정된다. 왕자의 별에서는 어떤 일이 일어나고 있을까. 어쩌면 양이 그 꽃을 먹어버렸을지도 몰라.

이는 비행사가 서로 다른 수준의 실재성을 띠고 있는 왕자와 양(그리고 부리망)을 혼동하고 있음을 뜻한다.

여기서 독자가 왕자는 자살한 것이 아니라 비행사의 주장대로 '자신의 별로 돌아갔다'고 믿고, '해피엔딩'으로 해석한다고 치자. 하지만 이 해석에는 커다란 문제가 따른다. 이렇게 해석하기 위해서는 비행사가 그린 양과 부리망도 왕자의 별로 돌아갔다고 이해해야 하는데, 이는 자신의 별로 돌아간 왕자의 존재 또한 양과 같은 수준의 이중적 허구가 되는 것을 의미한다. 그렇게 되면 비행사가 실제로 왕자와 만났다는《어린왕자》의 대전제를 부정해버리게 되어, 독자의 감흥에 찬물을 끼얹게 된다.

만약 독자가 어린왕자의 실재성을 유지하려면 '왕자는 자신의 별로 돌아갔다'는 해석을 포기해야만 한다. 이것으로 왕자의 실재성은 보장받게 되지만 동시에 '왕자는 자살했다'는 결론이 되어 '해피엔딩'이 무너지는 결과를 낳는다. 이는 왕자에 감정을 이입한 독자가 받아들이기엔 가혹한 해석이다. 결국 독자는 해피엔딩을 사수하려고 하면 왕자의 실재성이 사라지게 되는 모순의 굴레에 갇혀버리게 된다.

그뿐만이 아니다. 만약 왕자가 정말로 자살한 것이라면 비행사가 말하는 '왕자의 귀환'이 그냥 거짓말이 되어버린다. 게다가 동시에 깜빡하고 부리망을 그리지 못한 걸 후회하고 있다는 이야기가 완전히 허구의 것이 되어버린다. 결국 비행사는 아예 허언증 환자가 되어 화자로서의 신뢰를 잃게 된다. 이렇게 되면 이번엔 어린왕자의 존재 자체가 완전히 허구라는 말이 된다. 결국 '왕자, 양 모두 같은 수준의 허구였다', 즉《어린왕자》가 '별 의미도 없는 꿈 같은 내용에 불과하다'는 해석을 받아들일 수밖에 없게 된다. 그렇게 되면 또 비행사가 이런 허구를 진지하고 장황하게 늘어놓는 것이 이상해지면서 독자가 감동할 수 있는 근거도 약화된다. 그렇다면《어린왕자》는 '진짜 이야기'가 아니겠는가. 그러면 다시 해피엔딩이 되는데, 해피엔딩이 되면 이야기는 다시 허구가 되고… 이리하여 이야기는 해석 불능의 상태에 빠져버린다.

후지타는 이 구조적 '함정'을 해설한 다음 이렇게 지적한다.

그렇게 되면 처음에 이야기 세계 수준의 가장 바깥쪽(=이야기 수용 수준)에 있던 작가 '나'와 '독자'(추상적 독자)가 본래의 이야기 수용 수준의 가장 바깥쪽, 다시 말해 현실 세계의 수준에 투영되게 된다. 즉 독자는 '독자'의 역할로부터 명확하게 해방되지 못한 채 이야기를 다 읽어버리게 되는 것이다.(藤田義孝 2008, p. 352)

다시 말해 양은 이야기 구조를 뒤틀어 허구와 현실 간의 경계를 허물고 이야기를 현실 세계로 흘러넘치게 하는 효과를 낳고 있다는 것이다.

실제로 이 함정은 이야기를 읽고 난 후의 감상을 심화하는 데 커다란 효과를 낳고 있다고 나는 생각한다. 게다가 생텍쥐페리 자신이 정찰기에 탄 채 행방불명이 되어 시체도 찾지 못한 실제 비극으로 인해 이야기는 현실 세계를 더욱 뚜렷하게 반영하게 되었다. 이 허구 안의 허구와 허구의 융합, 그리고 이로 인해 유발되는 허구와 현실의 융합은 확실히 이 이야기가 가진 매력의 중요한 요인 중 하나이다.

그리고 이 허구와 현실의 관계는 '모럴 해러스먼트' 현상과 깊은 상동성相同性을 나타내고 있다. 왜냐하면 학대자는 피해자를 정보가 통제된 환경에 가두고 허구를 현실과 바꿔치기해서는 그것을 일방적으로 강요하기 때문이다. 학대자는 자기 자신을 받아들이지 못하고 자기가 아닌 것을 자기로 간주하는 야비한 행위를 위해 피해자를 자신의 허구 세계 안에 끌어넣는다.

학대자의 이런 설정에 사로잡힌 피해자는 '나는 행복한 거야' 하며 허구에 매달리게 된다. 그러므로 《어린왕자》의 독자가 이 모럴 해러스먼트의 구조에 사로잡힌 경우, 다음과 같은 연쇄 현상이 일어날 가능성이 있다.

'나는 행복한 거야'라고 믿고 있는 피해자는 '어린왕자는 자기 별로 돌아가 장미와 화해하고 그럭저럭 행복하게 살았을 거야'라는 해피엔딩으로 해석하려 할 것이다. 그렇게 되면 앞서 말한 허구성 문제가 발생해 이를 회피하기 위해서는 '어린 왕자는 자살했다'란 비극적 해석을 피할 수 없게 된다. 이 전환은 '나는 행복한 거야'라는 허구를 뒤흔들고 '나 역시도 자살할 수 있겠구나'라는 생각을 날카롭게 자극한다. 나아가 양이 유발한 허구와 현실 간 경계의 모호화 작용은 모럴 해러스먼트를 성립시키고 있는 '나는 행복한 거야'란 허구를 '나는 괴롭다'는 현실로 접속시켜버린다. 이런 식의 '흔들림'이 일어나면 모럴 해러스먼트에서 벗어나는 하나의 계기가 될 수 있을 것이다.

이 기묘한 양의 존재 구조는 논리학의 유명한 난제인 '러셀의 패러독스'를 떠올리게 한다. 20세기 초반, 버트런드 러셀은 기호논리학을 구축하는 연구 과정에서 '자기 자신의 요소가 아닌 집합'이란 것에 대해 생각했다.

이를테면 '말馬 집합'을 생각해보자. 이때 어떤 종류의 말이라도 그것이 말인 이상, 말 집합의 요소이다. 하지만 '말 집합'은 말이 아니다. 말은 탈 수 있지만 말 집합은 탈 수 없기 때문이다. 그리하여 '말 집합' 자체는 '말 집합'의 요소가 아니다. 그러므로 '말 집합'은 '자기 자신의 요소가 아닌 집합'이다. 반대 예도 있다. 이를테면 '집합의 집합'이다. '집합의 집합'은 집합이므로 '집합의 집합'의 요소가 된다.

이어서 러셀이 던진 문제는 이것이다.

'자기 자신의 요소가 아닌 집합의 집합'은 자기 자신의 요소인가 아닌가.

이 집합을 R이라 부르자. 만약 'R은 R에 속하지 않는다', 다시 말해 'R은 자기 자신의 요소가 아니다'라고 한다면, 이 집합은 '자기 자신의 요소가 아닌 집합'이 되므로, 결과적으로 R에 속한다. 이는 모순이다. 역으로 'R은 R에 속한다', 다시 말해 'R은 자기 자신의 요소이다'라고 한다면, R은 '자기 자신의 요소가 아닌 집합'이 아니라는 말이 되므로, R은 R에 속하지 않는 것이 된다. 이 또한 모순이다.

이 난해한 문제는 당시 수학자, 논리학자들에게 커다란 충격을 안겨주었으며, 학문 자체의 존재 방식을 크게 쇄신했다. 컴퓨터 또한 이 과정에서 출현한 결과물 중 하나이다.

이 패러독스를 회피하기 위해 러셀은 '형 이론type theory'이란 개념을 도입했다. 이는 단순한 '집합'과 '집합의 집합'은 서로 다른 층위에 속하므로 양자를 동등하게 취급해서는 안 된다는 규칙이다. 이 규칙을 도입하면 '자기 자신의 요소가 아닌 집합'과 '자기 자신의 요소가 아닌 집합의 집합'이 '자기 자신의 요소가 아닌 집합'의 요소가 되는 일은 없다. 이런 식으로 모순을 회피할 수 있게 된다.

《어린왕자》에서 양을 둘러싼 이야기는 이 러셀의 패러독스와 같은 구조를 띠고 있다. 양은 '이야기 안의 이야기'란 층위에 속하고 있으므로 이를 '이야기'의 층위에 속하는 왕자와 동등하게 취급해서는 안 된다는 것이다. 생텍쥐페리는 이를 의도적으로 혼동함으로써 러셀의 패러독스를 작동시켰다는 말이 된다.

또한 그레고리 베이트슨Gregory Bateson은 러셀의 패러독스에서 통찰을 얻어 커뮤니케이션과 인간의 정신질환의 관계를 연구해 '이중구속 이론double bind theory'을 제창했다. 베이트슨은 정신질환을 모순된 커뮤니케이션에 대한 적응 학습의 결과로 이해한 것이다. 베이트슨이 제시한 정신질환을 낳는 '레시피'는 아래와 같다. (Bateson 1972, pp. 206-207)

(1) 둘 혹은 그 이상의 사람.

(2) 되풀이되는 경험.

(3) 일차적 금지 명령. '이런 일을 하면 당신을 벌하겠다' 혹은 '이런 일을 하지 않으면 당신을 벌하겠다'와 같은 것들.

(4) 일차적 명령보다도 추상적인 수준에서 대립하는 이차적 명령. 일차적 명령과 마찬가지로 벌을 주거나 생존을 위협하는 신호로 강제된 것들.

(5) 피해자가 그 자리에서 빠져나가지 못하도록 금지하는 삼차적 명령.

이 5개 항목은 피해자가 자신의 세계가 이중 구속 패턴으로 가득 차 있다고 납득하는 시점에서 더 이상 필요가 없어진다.

베이트슨은 이 무시무시한 함정에 빠지고 여기에 적응해버리면 층위의 구별을 할 수 없게 된다고 생각했다. 이 구별을 할 수 없게 되면 세계는 모순과 부조리로 가득 찬 것이 되어 정상적인 판단이 불가능해진다. 이것이 조현병을 비롯한 다양한 정신질환의 형태로 나타난다는 것이다.

그리고 앞서 인용한 편집증을 낳는 메커니즘은 같은 특성을 지니고 있다. 특히 이 부분이 중요하다.

- '그것'이 자신의 일부라는 점을 부인함으로써 '그것'을 파괴한다.
- 무언가 부인했다는 사실을 부인하고 그것을 또 부인한다.

'그것'이 자신의 일부라는 사실을 부인한 시점에서 '그것'을 가진 자신이 존재하는 한, '그것'을 부인한 것 자체가 '그것'을 가리키게 된다. 그러므로 이 부인 자체를 부인하지 않을 수 없게 된다. 이처럼 구조를 내부로 끌어안게 되면 세계는 부조리로 가득 차게 된다.

후지타는 이처럼 양의 특이한 존재 구조와 작용을 밝혀냈다. 하지만 이 해석에서는 허구 속 허구가 양이어야만 했던 필연성은 제시되지 않고 있다. 허구 속 허구를 말하고자 한다면 양이 아닌 다른 무엇이라도 상관없었기 때문이다.

어째서 생텍쥐페리는 양을 필요로 했던 것일까.

여기서 생텍쥐페리가 〈X장군에게 보내는 편지〉에서 마차를 타고 갈 때 실제로 똥을 누는 양과 양에게 뜯어 먹히는 풀을 만났다고 말한 대목을 상기하기 바란다. 이 편지와 《어린 왕자》간의 밀접한 관계를 고려한다면 이런 일치 현상은 결코 우연이라고 보기 어렵다. 만약 우연이 아니라면 양은 다름 아닌 '영혼의 생명'의 상징이기도 하다. 이것이 '양'이어야만 했던 첫 번째 이유이다.

다음으로 이야기 내부에서의 필연성이 있다. 애당초 왕자는 "부탁해…. 내게 양 그림을 그려줘" 하며 이야기에 등장한다. 왕자가 양을 필요로 했던 건 바오밥나무의 싹을 먹게 하기 위함이다. 매일같이 바오밥나무의 싹을 제거하는 것이 왕자에겐 번거롭고 손이 많이 가는 일이었을 것이다. 하지만 '양이 들어간 상자' 그림을 받고서 만족했던 왕자는 그 양이 바오밥나무뿐만 아니라 장미까지도 먹어버릴 수 있다는 점을 깨닫고는 걱정과 불안에 사로잡혀 어쩔 줄 몰라 한다. 왕자가 큰 혼란에 빠지자 당황한 비행사가 양의 부리망을 그려주는 것으로 일단 상황은 진정된다.

하지만 이미 살펴본 것처럼《어린왕자》의 마지막 부분에서 비행사는 깜빡하고 양의 부리망에 달아줄 가죽 끈을 그리지 않았다는 사실을 떠올린다. 이렇게 되면 양은 필연적으로 장미를 먹어버릴 것이란 말이 된다.

이는 다시 말해 비행사는 '바오밥나무 싹을 먹어치우게 하기 위해서'라는 왕자의 요청에 응하면서 사실은 (무의식적으로) 장미를 뜯어 먹게 하기 위해 양을 그렸다는 이야기가 된다. 그래서 왕자가 양으로부터 장미를 지키기 위한 부리망을 그려달라고 했을 때 (무의식적으로) 가죽 끈을 깜빡하고 그리지 않은 것이다.

제27장에서 비행사는 고개를 저으면서 왕자가 장미에 유리 덮개를 씌워 잘 지키고 있을 거라고 생각하지만 왕자가 가끔은 자리를 비울 테니 그 사이에 양이 장미를 먹어 치웠을 거라고 결론을 내린다. 이리하여 결국 비행사가 양이 장미를 먹게 했다는 말이 된다.

잘 생각해보면 왕자는 굳이 양 따위를 키우지 않아도 바오밥나무 싹을 스스로 제거할 수 있으니 굳이 소혹성으로 양을 데리고 갈 필연성은 적다. 그렇다면 왕자 또한 장미를 제거하기 위해 양을 필요로 했던 것인지도 모른다.

《어린왕자》가 내가 주장하는 것처럼 왕자에 대한 장미의 모럴 해러스먼트의 이야기라면 양은 장미의 모럴 해러스먼트로부터 왕자를 구해내기 위해 소혹성으로 파견된 구조대였다는 말이 된다. 이것이 '양'이어야만 했던 두 번째 이유이다. 그리고 이 해석은 비행사가 부리망의 가죽 끈을 깜빡하고 그리지 못한 이유도 설명해주고 있다.

그렇다면 만약 바오밥나무가 '악'이라면 그 싹을 뜯어 먹는 양은 '선'이다. 하지만 이 양이 왕자가 사랑하는 장미를 먹는다면 '악'이 된다. 거꾸로 바오밥나무가 '선'이라면 이를 먹는 양은 '악'이 된다. 하지만 이 양이 왕자를 모럴 해러스먼트의 함정에 빠뜨린 장미를 먹는다면 '선'이 된다. 이처럼 양은 의미가 이중적으로 이중화되어 있으며, 이야기 안에서 유별나게 복잡한 존재이다.

이를 모럴 해러스먼트 관점에서 본다면《어린왕자》란 비극은 놀랍게도 마지막 장면에서 반전으로 끝나게 된다. 비행사가 보낸 구조대인 양이 학대자 장미를 먹어 치우게 되니 '해피엔딩'인 셈이다.

이야기의 핵심 줄거리와는 아무런 관계가 없어 보이는 양이 제법 많은 분량을 차지하고 있는 것은 바로 이러한 이유에서라고 생각할 수 있다. 양은 사막여우를 능가할 정도의 중요한 '등장인물'이었다는 말이다.

2007년에 출간된《꼬리에 꼬리를 무는 학대ハラスメントは連鎖する》에서 나는 이런 이야기를 했다. 이 생각을 확장하고 심화한 것이 이 책이므로 다소 길지만 여기에 인용한다.

생텍쥐페리의《어린왕자》는 이렇게 자살로 내몰린 학대 피해자의 이야기이다.

이 책은 아동문학으로 간주되어 세계적으로 사랑받고 있고, 특히 일본에서는 나이토 아로오에 의해 '별에서 온 왕자님'이라는 절묘한 제목으로 번역되어 여성들 사이에서 절대적인 인기를 얻고 있다.

학대론 관점에서 보면 이 이야기의 주제인 어린왕자와 장미의 관계는 모럴 해러스먼트 양상을 대단히 훌륭하게 그려내고 있다. 또한 사막여우에 의한 '2차 학대'의 무시무시함 또한 마른 침을 삼킬 정도다.

어린왕자는 우주 저편에 있는 소혹성에서 자신만의 규칙에 따라 조용히 살고 있었다. 아마 어린 시절 심한 학대를 당해 외부세계와의 접속을 끊고 주변과의 커뮤니케이션보다 자신의 세계에 몰두하는 삶을 택했을 것이다.

그런데 어딘가에서 장미 씨앗이 날아와 싹이 트더니 예쁘게 화장한 얼굴로 어린왕자를 유혹한다. 어린왕자는 그 모습에 완전히 매료되어 "당신은 어쩜 그리 아름다우신가요!"라며 감탄한다. 이렇게 어린왕자를 반하게 만든 장미는 자잘하고 별일도 아닌 것으로 어린왕자를 책망한다. 장미의 목적은 '무슨 일이든 잘못한 건 어린왕자 바로 너야'라고 생각하게 만들고, 양심의 가책을 이용해 어린왕자를 지배하는 것이다. 실제로 이 방법으로 장미는 어린왕자를 자신의 의도대로 지배하는 데 성공한다.

결국 어린왕자는 '별것 아닌 이야기를 진지하게 받아들이다가 대단히 불행해졌다'. 그리고 견디지 못할 수준에 이르러 자신의 집인 소혹성을 떠나 방랑의 여행을 결심하게 된다.

어린왕자가 "잘 있어"라고 말하러 가자 장미는 갑자기 조신한 태도로 전혀 책망하는 기색도 없이 "내가 참 어리석었어요", "행복하길 바랄게요", "당신을 참 좋아했어요"라는 말을 연발해 어린왕자를 곤경에 빠뜨린다. 이것이 장미가 가하는 최후이자 최강의 공격인 것이다.

지구에 도착한 어린왕자는 비행사에게 "그 꽃은 정말 모순투성

이야"라고 이야기한다. 장미와의 만남, 일상, 이별 등 모든 회상 장면에서 보건대, 장미는 모순된 메시지를 연발함으로써 어린왕자의 사고 과정을 혼란에 빠트려 지배하는 학대 수법을 구사한 것이 확실하다.

장미는 바로 '물장군녀*'인 것이다. 어린왕자는 보기 좋게 함정에 빠져 "도망치지 말았어야 했는데", "장미의 따뜻한 마음을 이해했어야 했는데", "내가 너무 어려서 장미의 마음을 이해하지 못했어" 같은, 전형적인 피해자의 자책을 되풀이하고 있다.

간신히 학대자로부터 벗어난 어린왕자에게 이러한 자책감을 발동시킨 것은 제15장에 등장하는 지리학자다. 어린왕자는 지리학자에게 꽃은 '덧없기 때문에' 기록하지 않는다는 말을 듣고 그 덧없는 장미를 소혹성에 두고 온 것을 후회하게 된다.

어린왕자의 자책감을 강렬하게 자극하여 마침내 자살로 내몬 것은 사막여우다. 사막여우는 우선 어린왕자에게 '길들이다'라는 말을 가르친다. 사막여우는 그 의미를 '관계를 맺는다'는 뜻이라

---

* 물장군녀: 개구리의 체액을 빨아먹는 물장군에 빗댄 말로, 남자를 이용해 먹는 여자를 가리키는 일본식 표현이다._옮긴이 주

오사카대학 준교수 후카오 요코코가 쓴 《일본 남자들을 좀먹는 물장군녀의 정체日本の男を喰い尽くすタガメ女の正体》,《일본 사회를 가득 메운 개구리 남의 최후日本の社会を埋め尽くすカエル男の末路》는 본서와 밀접하게 연관된 문제를 다루고 있다._저자 주

고 말한다.

이 의미 바꿔치기는 상당히 악질적이다. '길들이다'라는 말에는 명확한 방향성이 있어 '길들이는 자/길들여지는 자'라는 명확한 입장의 차이가 발생한다. 그러나 '관계를 맺는다'는 말에는 방향성이 없다. 양자가 대등한 것이다.

사막여우는 이에 따라 장미와 어린왕자의 비대칭적 관계를 피차 일반의 관계라고 세뇌시킨다.

'길들이다'라는 말을 배운 어린왕자는 장미를 떠올리며 "한 송이 꽃이 있었어… 그 꽃이 나를 길들였지…"라고 되뇐다. 이는 장미가 어린왕자를 학대하여 조작한 것이므로 올바른 인식이다. 그러나 사막여우는 '길들여지는 것 = 관계를 맺는 것 = 길들이는 것'이라는 기만적 등식을 토대로 '장미 → 어린왕자'의 관계를 '어린왕자 → 장미'의 관계로 역전시켜버린다. 그리고는 헤어질 때 어린왕자에게 이렇게 충고한다.

"너는 네가 길들인 것에 영원히 책임이 있어. 너는 너의 장미에 책임이 있어…."

이 말을 들은 어린왕자는 머릿속이 새하얗게 되어 "나는, 나의 장미에 책임이 있어…"라며 사막여우의 말을 반복한다.

이리하여 어린왕자는 장미에 대한 책임을 방기하고 자신의 소혹성을 떠난 데 대한 죄책감으로 괴로워한다. 그리고 마지막에는 "내 꽃에… 나는 책임이 있어!"라고 외치며 스스로 독사에게 물려 자살하고 만다.

이 죽음이 자살이 아니라 소혹성으로의 귀환이었다 해도 마찬가지다. 자신을 학대한 장미가 있는 곳으로 깊은 죄책감을 안고 귀환하는 이상, 이전보다 더 혹독하게 지배될 뿐이다. 이렇게 되면 어린왕자의 영혼은 완전히 죽어버린다.

모럴 해러스먼트를 당하거나 가정폭력으로 고통받는 피해자가 더 이상 견디지 못하고 학대자로부터 달아나고서도 결국 학대자를 버리고 도망친 죄책감에 시달려 자신의 의지로 되돌아가는 비극적인 사례가 많다. 어린왕자의 자살이 귀환이었다 해도 자살과 마찬가지로 비참한 것이다.

《어린왕자》는 우리에게 장미와 같은 학대자를 조심해야 한다는 것, 또한 사막여우와 같은 자를 결코 상담 상대로 선택해서는 안 된다는 것을 가르쳐준다.

상담 상대로 자격이 있는 사람은 학대로부터 빠져나온 사람이거나 아예 학대로부터 자유로운 사람에 국한된다. 이런 사람에게 고민을 털어놓으면 "당신은 속박되어 있습니다. 고통받고 있습니다" 같은 조언을 들을 수 있다. 이렇게 고통을 공감받을 때 비로소 자신의 고통을 인정할 수도 있게 된다.(pp. 286-291)

《꼬리에 꼬리를 무는 학대》를 출간한 후 나는 되도록 빠른 시일 안에 《어린왕자》에 대한 책을 쓸 작정이었다. 저 책에서

선보인 학대론을 토대로 하면 금방이라도 집필에 착수할 수 있을 것 같아서였다. 하지만 그후 매우 유감스러운 일이 일어났다. 저 책에서 나는 간디와 파농의 사상을 학대 관점에서 비교하는 논의를 전개하고 있었는데, 공저자가 같은 주제의 논문을 쓰면서도 저 책을 언급하지 않은 것이다. 표절 시비로 번질 우려가 있어 따져 묻자, 그는 내 연구의 의의를 폄하하는 발언을 되풀이하더니 끝내 내 논의가 망상이라고 주장하기 시작했다.

당시 나는 그를 특임연구원으로 고용하고 있었는데 이후 그는 나와 연락을 끊더니 어디론가 떠나버렸다. 물론 그에게도 나름의 논리가 있었을 것이고 내게도 어떤 잘못이 있었을 것이다. 하지만 가장 기대를 걸고 있던 젊은 공동연구자에게 이러한 배신을 당한 건 내게 더없는 아픔이자 슬픔이었다.

그로부터 많은 시간이 흘렀다. 그 사이 나는 커뮤니케이션에 대한 사고를 재검토하고 책을 몇 권 내면서 서서히 《어린 왕자》에 대한 책을 쓸 준비를 하고 있었다. 하지만 여전히 커다란 벽 하나가 있었다. 언어 문제였다. 생텍쥐페리와 이리고옌의 책은 모두 프랑스어로 쓰여 있고, 원서를 부분적으로라도 검토해야 하는데, 나는 프랑스어를 전혀 몰랐다. 프랑스어를 공부할 여유는 없었기 때문에 곧장 프랑스어 문장을 읽는 무모한 도전을 할 수밖에 없었다. 이때 내게 큰 도움이 되었던 것이 '여는 말'에서 소개한 가토 하루히사 씨가 쓴 두 권의 책과 구글의 불영 번역기, 그리고《CASHIO, EX-word Dataplus7 프랑스어판》이었다. 이런 도움이 없었다면 결코 언어의 장벽을 넘지 못했을 것이다. 또한 트위터를 통해 알게 된 스위스의 프랑스어권에 거주하는 아케미 고베 씨가 어학상의 많은 오류를 수정해주기도 했다.

오사카대학 프랑스문학 연구실의 와다 아키오 교수는 책을 빌리러 갑자기 연구실을 방문한 나를 친절히 대해주며 내 책의 구조에 대해 경청해주었다. 같은 연구실의 아마조 히로츠구 준교수는 원고를 봐줬는데, 어학상의 오류뿐만 아니라 내용에 대한 깊이 있는 지적도 해주었다. 두 분의 도움에 깊이 감사하고 있다. 또한 아마조 씨가 번역한《자발적 예속론 Étienne de La Boétie》(지쿠마학예문고, 2013년)을 선물로 받았는데, 이 책의 논의와 근본적으로 연결되어 있어 그 우연의 일치에 무척 놀랐다.

아울러 두 분으로부터 같은 연구실 출신으로 〈생텍쥐페리의 이야기 형식 탐구-다섯 작품의 '내러티브' 분석을 중심으로〉라는 박사 논문을 쓴 후지타 요시타카 준교수를 소개받았다. 후지타 씨에게 원고를 보여주고 직접 만나 이야기를 나누면서 많은 귀중한 조언을 얻었다. 그의 엄격한 이야기 분석에 따라 드러나는 문제 설정 덕분에 이 책의 분석 시각이 지닌 의미와 문제점이 명확해졌다. 그로 인해 7장을 완전히 뒤엎고 다시 쓰기도 했다.

게다가 와다 교수와 아마조 준교수의 도움으로 2014년 4월 18일에 오사카대학에서 이 책에 대한 연구회를 열어 도움말을 얻기도 했다. 나와 같은 문외한에게 이러한 기회를 주신 것을 무척 감사하게 여기고 있다.

아카시쇼텐사의 편집자 오오노 유우코 씨는 이 책을 모럴 해러스먼트에 대한 책으로 집필해보라는 아이디어를 주었다. 그 덕분에 나는 '프랑스어도 못하는 주제에 프랑스문학에 대한 책을 쓴다'는 압박감에서 벗어나 자유롭게 집필할 수 있었다. 마침내 이 책을 완성하기까지 여기에 이름을 다 적지 못한 많은 분들께도 감사의 말씀을 전한다.

2014년 4월

야스토미 아유미

アルベレス, R・M《サン=テグジュペリ》中村三郎訳, 水声社, 1998年

藤田義孝〈ヒツジは実在するか?《星の王子さま》という儚い虚構〉柏木隆雄
　　教授退職記念論文集刊行会編《テクストの生理学》朝日出版社, 2008
　　年, 343-354頁

フランツ, M-L・フォン《永遠の少年-〈星の王子さま〉大人になれない心
　　の深層》松代洋一・椎名恵子訳, ちくま学芸文庫, 2006年

片山智年《星の王子さま学》慶應義塾大学出版会, 2005年

加藤晴久《自分で訳す星の王子さま》(アントワーヌ・ド・サン=テグジュペ
　　リ著) 三修社, 2006年

加藤晴久《憂い顔の〈星の王子さま〉‖続出誤訳のケーススタディと翻訳者
　　のメチエ》書肆心水, 2007年

加藤宏幸〈サン=テグジュペリの《人生に意味を》の内容と解説Ⅱ)〉岩手大
　　学人文社会科学部《Artes liberals》第39号, 1986年, 87-105頁

川口雅之編〈大屋美那・国立西洋美術館主任研究員業績目録〉《国立西洋美術
　　館研究紀要》18号, 5-22頁, 2014年

小島俊明《星の王子さまのプレゼント》中公文庫, 2006年

レヴィ=ストロース, クロード《野生の思考》大橋保夫訳, みすず書房, 1976年

ムニエ, ポール《〈星の王子さま〉が教えてくれたこと》ランダムハウス講談
　　社, 2007年

ミラー, アリス《子ども時代の扉をひらく-七つの物語》山下公子訳, 新曜
　　社, 2000年

三野博司《〈星の王子さま〉の謎》論創社, 2005年

水本弘文《〈星の王子さま〉の見えない世界》大学教育出版, 2002年

内藤濯《星の王子とわたし》丸善, 2006年

サン＝テグジュペリ《サン＝テグジュペリ著作集⑦　人生に意味を》渡辺一民訳, みすず書房, 1962年

サン＝テグジュペリ《サン＝テグジュペリ・コレクション⑨心は二十歳さ－戦時の記録⑨》みすず書房, 2001年

シャッツマン, モートン《魂の殺害者－教育における愛という名の迫害》岸田秀訳, 草思社, 1975年〈新装版1994年〉

シフ, ステイシー《サン＝テグジュペリの生涯》檜垣嗣子訳, 新潮社, 1997年

高實康稔〈サン＝テグジュペリ《X将軍への手紙》の《特異性》について〉《長崎大学教養部紀要：人文科学篇》長崎大学, 三三（二）, 1993年, 91－106頁

塚崎幹夫《星の王子さまの世界－読み方くらべへの招待》中公新書, 1982年

ウェブスター, ポール《星の王子さまを探して》長島良三訳, 角川文庫, 1996年

ウィトゲンシュタイン, ルートヴィヒ《〈哲学的探求〉読解》黒崎宏訳, 産業図書, 1997年

安冨歩《複雑さを生きる－やわらかな制御》岩波書店, 2006年

安冨歩《合理的な神秘主義》青灯社, 2013年

安冨歩・本條晴一郎《ハラスメントは連鎖する－〈しつけ〉〈教育〉という呪縛》光文社新書, 2007年

矢幡洋《〈星の王子さま〉の心理学》大和書房, 1995年

Alice Miller, *Am Anfang war Erziehung*, Suhrkamp, 1980. (＝山下公子訳 魂の殺人－親は子どもに何をしたか》新曜社, 1983年〈新装版2013年〉)

Antoine de Saint-Exupéry, *The Little Prince*, translated by Richard Howard, Mariner Books; 2000

Antoine de Saint-Exupéry, *Pilote de querre*, Gallimard, 1942. (＝山崎庸一郎訳《サン＝テグジュペリ著作集⑤　夜間飛行・戦う操縦士》みすず書房, 1984年)

Antoine de Saint-Exupéry, *Ecrits de Guerre, 1939-1944, avec la Lettre a un Otage et des Temoignages et Documents*, Gallimard, 1982.

Azar Gat, *Fascist and Liberal Visions on War: Fuller, Liddell Hart, Douhet, andother Modernists*, Clarendon Press Oxford, 1998.

Marie-France Hirigoyen, *Le Harcèlement moral: La Violence Perverse au Quotidien*, Presse Pocket, 2011 (초판은 La Découverte et Syros, Paris, 1998)

누가 어린왕자를 구할 수 있을까*

이 책이 《어린왕자》 연구에 어떤 영향을 미쳤는지에 대해서는 앞으로 더 면밀히 검토할 필요가 있지만, 여기서는 두 가지 정도를 짚고 넘어가고자 한다.

우선 《어린왕자》의 가장 중요한 키워드 중 하나인 '길들이다'란 행위의 비대칭성이 이 책에서 처음 지적되고 있다는 점이다. 《어린왕자》 제21장에서 여우가 말하고 이를 왕자가 이해하는 부분에 따르면, 길들이는 것도 길들여지는 것도 모두 '유대관계를 맺는다'는 것이며, 주체-객체란 비대칭성을 초월한 상호관계에 해당한다는 말이 된다. 하지만 야스토미가 지적한 바와 같이 이는 확실히 큰 오류를 범하고 있다.

조금만 생각해보면 아는 이야기인데, '나는 A를 길들였다. 다시 말해 나는 A와 유대관계를 맺었다. 그러므로 나는 A를

---

* 글쓴이: 후지타 요시타카藤田義孝, 불문학자. 오오타니대학 문학부 준교수.

책임져야만 한다'는 논리와 '나는 A에게 길들여졌다. 다시 말해 나는 A와 유대관계를 맺었다. 그러므로 나는 A를 책임져야만 한다'는 논리가 동일한 것일 리가 없다. 양자가 동일하다는 건 명백한 궤변이다. 그럼에도 나를 포함한 문학 연구자는 지금까지 이 점에 의문을 품은 적이 없었다. 이는 어쩌면 여우가 "중요한 것은 눈에 보이지 않아" 같은 말로 진리를 전하는 현자 같은 존재이자 작가 생텍쥐페리의 진의를 대변하고 있는 존재라고 다들 믿고 있었기 때문일 것이다.

하지만 듣기 좋고 아름다운 말로 전해지는 '진리' 속에 가장 위험한 독이 숨어 있다는 것이 모럴 해러스먼트의 무시무시함이다. 설마 여우의 말에 이런 독이 숨어 있을 거라고 그 누가 예상했겠는가. 저자가 여우의 궤변에 속지 않고 '길들이는' 행위와 '책임'의 문제를 제기한 것은 《어린왕자》 연구에 있어서도 커다란 공헌이라고 해야 할 것이다.

두 번째로 이 책이 《어린왕자》에서 대단히 중요한 위치를 차지하는 양의 의미를 '장미의 굴레에서 벗어날 수 있게 해주는 해방자'로서 최초로 명확하게 밝혀주었다는 점이다. 《어린왕자의 수수께끼》에서 미노 히로시가 지적한 바와 같이 이야기 속에서 왕자는 우선 '양을 원하는 목소리'라는 뚜렷한 역할을 수행한다. 비행사의 질문에 대답하지 않던 왕자가 고향 별이나 지구 여행에 대한 이야기를 하게 된 것도 양이 계기가 되었다. 나아가 이야기의 마무리도 양에 관한 에피소드이며, 여기서는 양의 실재성을 둘러싼 문제가 왕자의 실재성도 뒤흔든다는 것, 게다가 이는 교묘하게 장치된 '함정'이란 점을 나는 다른 논고에서 지적한 바 있다. 다시 말해 왕자란 존재는 등장에서 퇴장에 이르기까지 양과 뗼래야 뗄 수 없는 관계에 있는 것이다.

《어린왕자》이야기에서 양이 이만큼이나 중요한 이유는 무엇일까? 이 소박한 물음에 제대로 대답할 수 있었던 연구자는 지금까지 단 한 명도 없었다. 하지만 야스토미에 따르면 이 대답은 참으로 명백하다. 양은 장미의 모럴 해러스먼트로부터 왕자를 구해내는 구원자였던 것이다.

이야기 내에서 통시적으로 생각한다면 '나'와 만나기 전에 왕자는 이미 여우와 만나 이야기를 들었고 "나는 내 장미를 책임져야만 해" 하고 자신의 소혹성으로 돌아가겠다고 굳게 결심하고 있었을 것이다. 그럼에도 불구하고 그 전에 왕자는 어떻게 해서든 양이 필요했다. 바로 그 때문에 왕자는 사막에 있던 '나'와 어른들을 붙잡고는 집요하게 양을 그려달라고 부탁한 것이다. 그렇다면 어째서 왕자에게 양이 필요했던 것일까? 바오밥나무의 싹을 먹게 하기 위함이란 건 사실 훗날 붙여진 자의적 해석에 불과하다. 왜냐하면 《어린왕자》제2장에서 양이 들어 있는 상자 그림을 손에 넣은 후, 왕자는 제5장에

서 양이 작은 나무를 먹는다는 것이 정말이냐고 '나'에게 질문
하고 있기 때문이다. 다시 말해 양의 필요성은 바오밥나무 문
제 이전부터 존재했던 것이다. 그렇다면 양의 본질적 역할은
역시 장미를 먹는 것 말고 생각하기 어렵다. 왕자가 그만큼 양
을 갈망했던 이유가 바오밥나무 퇴치를 구실로 무의식적으로
는 장미로부터 자신을 지키는 수단을 얻고자 했기 때문이 아
니겠는가.

사실 이렇게 생각하면 《어린왕자》의 더욱 중요한 문제들도
설명이 되기 시작한다. 애당초 어째서 왕자와 '나'는 만난 것
인가. 화자 '나'에게 왕자는 우선 '양(장미로부터 나를 구해줄 존
재)'을 바라는 목소리로 등장했다. 다시 말해 '나'는 학대의 고
통에서 구해달라는, 잘 알 수 없는 어떤 목소리를 들었기 때문
에 어린왕자와 만날 수 있었던 것이다. 하지만 도움을 청하며
내 앞에 나타난 아이 하나를 '나'는 구할 수 없었다. 그런 의
미에서 《어린왕자》 이야기는 한 아이를 구할 수 없었던 '나'의
통절한 회한의 이야기이다.

실제로 아이를 구해낸다는 모티브는 《남방 우편기》부터 《어
린왕자》에 이르는 생텍쥐페리의 다섯 작품에서 공통으로 쓰
이고 있다. 《남방 우편기》와 《야간비행》에서는 조난당한 비행
사들이, 《인간의 대지》에서는 폴란드인 부부의 아이 안에 깃
든 신동 모차르트가, 《전시 조종사》에서는 포화에 노출된 화

자 '나' 자신이, 구해야만 하는 혹은 지켜줘야만 하는 아이의 이미지로 등장하고 있다. 이러한 계보에서 왕자라는 아이를 주인공으로 설정한 《어린왕자》는 아이를 구해낸다는 테마를 가장 순수하게 구현한 작품이라고 할 수 있다.

그렇다면 이야기 마지막 부분에서 독자에 대한 호소는 완전히 새로운 느낌으로 다가온다. '슬픈 나를 위로하기 위해' 곧바로 편지를 써달라는 것이 통상의 해석인데, 이 경우 돌아온 왕자와 독자가 '나'를 구하는 구도로 되어 있다. 그러나 아이를 학대에서 구해내는 이야기로 《어린왕자》를 읽는다면 바로 편지를 써달라는 이유가 '나'와 독자가 아이를 구해야만 하기 때문이다. 이 경우, '곧바로'란 말도 먼저 구하지 못한 후회가 있었기 때문에 다음번엔 서둘러 가야만 한다는 구조의 긴급성을 호소하는 것으로 설명이 된다. 이른바 《어린왕자》의 결말은 《인간의 대지》 마지막에 나오는 '은밀하게 죽임을 당한 모차르트'를 더 늦게 전에 나와 당신의 힘으로 구해내자는 호소로 맺어지는 것이다.

또한 나는 앞서 언급한 논의에서 《어린왕자》의 내용이 반드시 화자와 독자의 신뢰 관계를 전제로 이야기의 진실성이 성립한다고 지적한 바 있다. 이어서 이런 이야기 성립의 불안정한 조건이 결정적인 의미를 갖는다고도 지적했다. 이에 대해 《누가 어린왕자를 죽였는가》가 제기하는 관점에서 재고찰해

보면 왕자라는 학대 피해자, 즉 눈에 보이지 않는 지배 관계에서 고통받는 자의 존재를 독자와 화자 '나'가 함께 인정할 수 있는지에 대한 문제로 바꿔서 생각할 수 있다. 그렇다면 이야기 마지막에 던져지는 과제는 보이지 않는 피해자에 대한 독자의 상상력과 공감 능력이란 말이 된다. 보이지 않는 폭력의 피해자를 '볼 수 있게' 하는 것은 바로 우리들의 이 상상력밖에 없기 때문이다.

이처럼 《누가 어린왕자를 죽였는가》는 《어린왕자》의 해석에 새로운 지평을 열어준 작품이다. 단, 문학작품 연구의 관점에서 보면 완벽한 해설서라고 보기엔 어려움이 있다. 이는 이 책의 장점이자 단점이기도 한데, 통설을 뒤집는 참신한 해석 때문에 설명이 부족한 부분이 아무래도 눈에 띈다. 통설에 반한다는 건 그만큼 '납득'하기까지의 거리가 멀다는 것인데, 때로 저자는 이를 한걸음에 달려 들어간다. 그 결과 '다리가 짧은' 우리들은 그의 논의 전개를 따라가지 못하기도 한다. 그 외에도 여우가 '길들이는' 관계의 비대칭성을 대칭으로 바꿔치기한 이유는 무엇인지, 애당초 여우의 정체는 무엇인지, 바오밥나무가 무엇인지에 대해서는 좀 더 작품에 입각한 시점에서 상세한 설명이 필요했다고 생각한다. 특히 바오밥나무는 모순된 존재로 그려졌다는 논의에 이르러서는 과연 그 모순이 텍스트에 기인한 것인지, 아니면 자의적인 해석에 기인한 것인지 잘 알 수 없는 의문마저 들었다. 만약 작품 안에 모순이 있다면 거기에는 반드시 이유가 있기 마련이다. 이런 모순의 필연성을 좀 더 면밀히 논의해줬더라면 하는 것이 문학 연구자로서의 솔직한 감상이다.

이런 몇 가지 부족한 부분이 있다 해도 이 책이 《어린왕자》 연구와 생텍쥐페리 연구에 자극적이고 새로운 관점을 제공한다는 사실에는 의심의 여지가 없다. 오랜 세월에 걸쳐 문학 애호가와 전문가들이 부지불식간에 그 의미를 축소시켜왔던 이 작품의 위대함을 다시 한 번 깨닫게 해준 것이 야스토미의 '어린왕자론'이다.

누가 어린왕자를 죽였는가

초판 1쇄 인쇄 2018년 5월 25일 초판 2쇄 발행 2020년 12월 30일
글쓴이 야스토미 아유미 옮긴이 박솔바로 편집 김소아, 장희숙, 조하늘 디자인 정제소
펴낸이 현병호 펴낸곳 도서출판 민들레 주소 서울시 성북구 동소문로 47-15
전화 02) 322-1603 팩스 02) 6008-4399
전자우편 mindle98@empas.com 홈페이지 www.mindle.org

이 도서의 국립중앙도서관 출판예정도서목록(CIP)은 서지정보유통지원시스템
홈페이지(http://seoji.nl.go.kr)와 국가자료공동목록시스템(http://www.nl.go.kr/
kolisnet)에서 이용하실 수 있습니다.(CIP제어번호: CIP 2018015256)

ISBN 978-89-88613-70-2 03180
잘못된 책은 바꾸어 드립니다.